技術者の逆襲

経営者の期待を超える
発想と実践のノウハウ

元 富士フイルム
研究マネージャー
藤井隆満
fujii takamichi

はじめに

　今、多くの企業において新規事業創出が待ったなしの状況になっています。その中で慣れないサラリーマン技術者（本書では商品を開発するための技術と研究は区別していません）が苦闘するも、成果がなかなか得られていないのが現状ではないでしょうか。「イノベーション」というキーワードでたくさんのセミナーが開催され、書籍が販売されています。どれも綺麗にまとまっていて、なるほどと思うものの、いざ実践しようと思うと何からやっていいのかわからないのが実状でしょう。

　一方で、研究・技術開発のトップや上司から以下のようなことを言われたことはありませんか？

　「なにか新しいことを提案してほしい」
　「10 年後の我が社の基盤となる技術を開発してほしい」
　「技術イノベーションで、変革を起こしてほしい」
　などなど……。

できるわけない！！！

　と心のなかで叫んだことがある人も多いでしょう。
　そんなことできるわけない、を本書では**なんとかできるよう**にしていきたいと思います。

　技術者は、技術を持っているものの、それをどうやってイノベーション／新規事業に結びつければよいのかわからず、必死

に考えていることが多いと思います。技術の現場では、目先の課題で手一杯、でも何か新しいことをやらなければジリ貧になってしまう。なんとかしなければ！という焦りもあるでしょう。

　私もたくさんのイノベーションや新規開発のためのセミナーに参加し、たくさんの書籍を読みましたが、それらの多くが経営者視点からのものであり、技術者にとってはすぐに適用するのが難しいと感じました。

　イノベーションの元となるネタの発見、さらにはそれを新規事業につなげるためには、多くの障壁があります。アイデアを出し、それらを吟味し、経営者を説得し、社内でのプロジェクトにし、困難を乗り越えてようやく市場に投入することができます。その先には、顧客の厳しい評価が待っていて、売れない場合も多々あります。

　私は、これまで多くの企業に技術の提案を行なってきました。その中には実用化したもの、実用化しなかったものがあります。技術が未達だったもの、事業が時代にあっていなかったもの（早すぎる場合が多い）、さらには他社との競争関係によるもの、などなどの理由です。特に良質なアイデア、実験結果がないと次のステップに進めません。

　本書では、自身の経験と成功している企業の分析を行ない、**技術者視点で、新たな新規事業／イノベーションのネタを出すことが可能な方法の一つを提案**いたします。筆者が材料系であるため事例が材料よりになっていますが、考え方の肝となる部分は共通だと思います、ご了承下さい。

　自身の技術で少しでも世の中を変えたい、技術で未来を拓き

たいと思っている技術者の助けになれば幸いです。

目次

はじめに　3

第1章　新規事業創出は「ニーズ発想」というのは思い込み

イノベーションはなぜ必要？　10

技術の現場がいま悩んでいること　12

経営者からの要求はいつも厳しい！　15

本書でのイノベーションの定義　18

イノベーションの身近な例　19

新結合とは？──ノーベル賞級の発明は不要　21

新規事業創出に「ニーズ発想」は不可欠なのか？　24

重要なのはニーズとシーズのマッチング　26

技術者がシーズからテーマを考えたら　27

経営者はニーズからの商品開発を期待しがち　29

R＆Dのマネジメントの難しさ──技術者とマネジャーの軋轢　31

技術者はこうして「逆襲」する　34

逆襲への1歩目（1章のまとめ）　36

第2章　既存事業はなぜジリ貧になるのか

既存事業のジリ貧の秘密　38

プロダクトライフサイクルを意識する　39

ジリ貧を後押しする企業／組織の慣性の法則　43

心の慣性の法則を断ち切る　46

Column【一人で行なうブレインストーミング】　47

ジリ貧状況で経営者は何を考えているのか　48

「目利き人材」が現状打破のキーマン　49

「目利き力」とは何か？　51

オープンイノベーションの可能性　53

シリコンバレー流から何を学ぶのか？　56

ボタン（技術）からスーツ（商品）をイメージする　58

技術の評価とは──スーツのイメージがなければボタンの評価はできない　60

アイデアを潰す困った人々　61

Column【評論家／批評家への対処】　64

逆襲への２歩目（２章のまとめ）　66

第3章　成功企業の秘密を探る～どこがすごいのか～

現代にも生きる孫子の兵法　68

自社を知るための「技術の棚卸し」　68

自社の強みに立脚した事業戦略　71

アンゾフのマトリックスを徹底活用した事業戦略　72

実例：技術のポジショニング　76

実例１　富士フイルム──化学メーカーへの道　76

実例２　旭化成──「電子コンパス」　80

実例３　日東電工──「三新活動」　83

成功企業には共通点がある　86

Column【人の時間を利用する】　87

逆襲への３歩目（３章のまとめ）　88

第4章　技術者の逆襲　インプット編
　　　　～「特許」を分析して～

イノベーションを生む戦略を立てるために特許を利用する　90

特許にはイノベーションが隠れている　91

特許のどこに注目するべきか？　94

発見！　特許のチカラ１　開発者の悩みの声が聞こえる　96

発見！　特許のチカラ２　開発のヒントが見える　99

発見！　特許のチカラ３　顧客のニーズが見える　100

発見！　特許のチカラ４　未来の商品のヒントが見える　101

特許の中に自社の宝を掘り起こしてみる　103

自社／他社の強みは特許で一目瞭然　105

自社に特許がない場合　106

バックキャスティングでテーマを考える　107
「上りのエスカレーター」にのることの重要性　111
逆襲への４歩目（４章のまとめ）　112

第5章　技術者の逆襲　アウトプット編
〜イノベーションを実現する勝利の方程式〜

イノベーションの公式──何と何を結合させるか？　114
公式①
実例１　銀塩フィルムから化粧品への事業展開　117
実例２　セラミックスから食品への事業展開　123
特許検索をフル活用する　125
実例３　磁気センサからスマホへの事業展開　129
キーワード検索でニーズをつかむ　134
公式②
逆襲への５歩目（５章のまとめ）　136

第6章　経営者がうなずく技術者からの
　　　　プロジェクト提案の方法

強み技術に基づく提案でWIN－WIN　138
提案書は超シンプルに　140
「背景」は起承転結で説明　141
「目的」はシンプルに──内容は説得力あるデータで　144
「プロジェクトの内容」は具体的に　144
「スケジュール」はPhaseで分割　144
「予算概要」を押さえておく　148
【見本】　149
逆襲への６歩目（６章のまとめ）　150

あとがき　152
参考文献　巻末

第 1 章

▼

新規事業創出は
「ニーズ発想」というのは
思い込み

ニーズ発想とは、顧客のニーズ、欲求をベースに、「このような商品や事業があれば受け入れられるだろう」と考える発想方法のことです。これがないと新規事業の創出は難しいでしょうか？

イノベーションはなぜ必要？

　最近、様々な場所でイノベーションという言葉を聞きます。普通の技術者にとって、イノベーションは技術革新や技術によって新しいものを生み出すことのようなイメージがあると思います。そしてイノベーションを生み出した有名人としてAppleの創業者のスティーブ・ジョブスさんや、フェイスブックのマーク・ザッカーバーグさん、あるいはテスラのイーロン・マスクさん、日本だと青色LEDの中村修二さんのような新しくて、革新的な商品を生み出した方々を想像すると思います。

　しかし、このような有名人やスゴイ技術を発明した人のみがイノベーションを生み出しているわけではなく、一人ひとりのレベルでのイノベーションというものもあるのではないでしょうか。そのような方々へ少しでもお役に立てるような考え方を紹介していきたいと思います。

　さて、そのようなイノベーションはなぜ必要なのでしょうか？

　総務省の通商白書では、「内需を刺激するには魅力的な製品・サービスが新たに提供されることも効果的である。その意味でもイノベーションの追求、結果として生産性向上を図ることは重要である」、「日本の将来は他国には真似のできない世界最高品質の商品やサービス（ナンバーワン）、独創的で個性的な商品やサービス（オンリーワン）を常に生み出せるかどうかにかかっている」とあります。また、中小企業白書では、「研究開

発費が売上高に占める割合が高い企業（中小製造業）ほど、営業利益率も高い傾向にある」、「イノベーションを実現し、売上高に占める新製品の比率が一定程度高い中小企業ほど、売上高が増収傾向にある」とあります（2009年版）。

　すなわち、（イノベーションにより）新しい商品やサービスを生み出すことは、結果としてその企業の利益を増やしていくことにつながると考えられます。

　せっかく新しいモノを開発するのであれば、技術者／開発者の思い、自身の役割が発揮できるようなテーマを見出して、貢献できるとよいと思っています。図のような流れで社会や会社に貢献できるように考えていきたいですね。

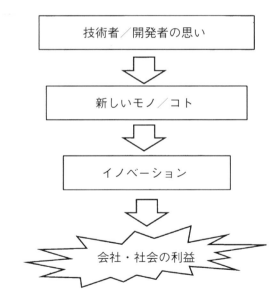

技術の現場がいま悩んでいること

　社外のセミナーや異業種交流会などでは、技術開発を行なっている現場の声として以下のようなことを聞きます。

- ・次に何を開発すべきかわからない
- ・最近の市場のニーズがわからない
- ・自社技術の顧客のニーズを知りたいがどうしていいかわからない
- ・保有技術のいい出口はないか

などです。

　いずれも以前は何かを開発すれば商品につながったような時代、開発するべき課題が明確で、目指す方向が明らかであれば上記のような悩みはなかったと思われます。

　普通の企業で既存のビジネスが上手く行っている場合は、一般的には事業部と呼ばれる既存事業の主体部門が、数年先までの計画を立案しています。技術開発陣はその計画に沿って、性能アップや機能アップ、あるいはコストダウンを行なっていけばある程度の売上が見込めます。すなわち、開発部門は事業部から言われたことをやっていれば、開発は安泰で、それなりに利益が見込めるということです。

　しかしながら、前述の新規技術開発の現場の方々は、このままでは未来が見えないと思っているのではないでしょうか？

　次に開発するものは、今のままの延長線上であればたぶん売上が上がらないと思っている。あるいは、何らかの時代の変化

を感じており、今のビジネスが未来永劫続かないと思っている。そんな危機感が、この先何を研究開発したらいいのかという悩みにつながっているのだと思います。

　次頁の図は**事業部のテーマ**（既存のまま将来が見えるテーマ）**の時間軸での開発イメージ**を示しています。

　事業部のロードマップ内のテーマ①は既存ビジネスの延長の開発です。テーマ③も少し将来になりますが、延長線上のテーマです。②は、事業内容とは異なるテーマです。事業部の延長線上では出てこないテーマになります。同様に④も既存事業ではないテーマで長期的なテーマです。

　すなわち、既存事業の延長線上の開発（①、③）はすでにやることが見えているので、技術者は事業性や顧客のニーズを疑うことなく研究開発に邁進できます。②、④のテーマに関しては、技術者は何をやってよいのかわからず悩むことになります。これがこの章のはじめに書いた現場の悩みです。恐らくそれは、技術的な限界が見えたり、新しい技術が出てきて他の技術に置き換わるような可能性を感じたり、市場そのものがなくなりそうに感じたりするため、不安なのだと思います。

　一方、事業部に属するメンバーはどうでしょう。既存事業の範疇のテーマでは営業や事業計画はできるものの、既存事業から外れるテーマについては提案ができないのが通常ではないでしょうか。すなわち、何もアクションを起こさなければ、テーマ②、④は生まれてこないのです。そのようなテーマだからこそ、生まれてきて成果が出るとイノベーションということになります。

第１章　新規事業創出は「ニーズ発想」というのは思い込み　13

この既存の延長線上にないテーマをどう見つけて、開発していくかというのが、本書のテーマです。そこは、技術者のセンスと腕の見せどころですが、一つの考え方を示していきたいと思います。

新しいテーマ群はどこにあるのか？

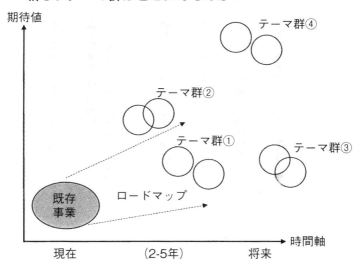

経営者からの要求はいつも厳しい！

　研究開発のトップや上司から以下のようなことを言われたことはないでしょうか。

「なにか新しいことを提案してほしい」
「10年後の我が社の基盤となる技術を開発してほしい」
「技術のイノベーションで、変革を起こしてほしい」

などなど……。
それに対して技術者側からは、

「そんなコト簡単にできるわけない！」
「そんなに都合のいいことばかり言うな！」
「もっと研究開発費を出してから言ってくれ！」

のような、コメントがありそうです。
　経営の立場からは、技術者や研究者に対しての期待はとても大きく、既存のビジネスを発展させ、さらには新たなビジネスの立ち上げに対しては技術でなんとかして欲しいと思っているようです。

　文部科学省の調査「企業における技術者・技術士の現状・課題」と「高度な技術者に期待される役割」http://www.mext.go.jp/b_menu/shingi/gijyutu/gijyutu7/siryo/attach/1328592.htmには、企業における高度な技術者に期待される役割として以下

第1章　新規事業創出は「ニーズ発想」というのは思い込み　15

のように記載されています。

1. 不断のイノベーションや先進的な研究開発を図り、ビジネス展開する。
2. 関係事業・業務に関わる技術力の向上と技術基盤を整備する。
3. 関係する学会・協会等の活動に積極的に参画し、これらの活動をリードする。
4. 技術力・マネジメント力等と併せて幅広い教養を身に付け、企業内のみならず、顧客・学会・協会等社会から信頼される技術者となる。
5. グローバルなビジネスに対応する。
6. IEC・ISO・ITU 等の国際規格制定活動に参画し、戦略的に活動展開する。
7. 経営的視点を持ち、技術開発・技術展開・新規事業展開等を行なう。

これによると、イノベーションによるビジネス展開から、基盤技術の整備、マネジメント、そしてグローバルなビジネス、さらには経営視点での事業展開と、スーパーマンのような活躍が期待されているようです。私レベルの技術者では、この期待に応えられそうもありません。

このような、経営者から技術者への高い期待がある一方で、現場では将来への不安がつのります。これに対して技術者は、そのギャップをなんとか埋めて、不安を払拭し、経営への貢献を目指さなければなりません。そのためには、**何を目指すか、**

何を開発するか、どのようなコトで経営貢献するかということを必死に考える必要があると思います。

次章以降、技術者を取り巻く環境と経営を取り巻く環境とを少しずつ説明します。そしてこの不可能と思われる**経営からの要求に技術者が現場から応えるための方法の一つを示して**いきたいと思います。

まさに**技術者の逆襲**だと思っています。

第 1 章　新規事業創出は「ニーズ発想」というのは思い込み　17

本書でのイノベーションの定義

これまでに「イノベーション」を定義なしで述べていきましたが、世の中ではどのように定義されているでしょうか。

イノベーション100委員会における「イノベーション」の定義では、研究開発活動にとどまらず、

1. 社会・顧客の課題解決につながる革新的な手法（技術・アイデア）で新たな価値（製品・サービス）を創造し
2. 社会・顧客への普及・浸透を通じて
3. ビジネス上の対価（キャッシュ）を獲得する一連の活動を「イノベーション」と呼ぶ

とあります。

「イノベーション100委員会」とは、経済産業省がベンチャー企業と大企業の連携等を目的として2014年9月から活動している「ベンチャー創造協議会」の下に、安藤国威（元ソニー株式会社代表取締役社長）を座長として設立されたものです。

新たな価値を創造し、顧客に提供し、対価を獲得するというのは、確かに産業界におけるイノベーションの定義だと思います。本書もこのような定義のもとで議論をしていきます。

イノベーションの身近な例

　誰もがそうだと思うようなイノベーションの例を挙げてみました。

・イメージセンサ（CCD、CMOS）
・光触媒
・液晶ディスプレイ
・リチウムイオン電池
・インバーターエアコン
・多機能携帯電話（携帯電話とデジカメの一体化）
・非接触 IC カード
・LED の発明とその後の様々な応用
・ウォークマン、さらに最近の iPod
・GPS 技術とナビゲーション
・スマートフォンのマルチタッチ入力
モノ以外にも
・コンビニエンスストア（24 時間オープンしているという
　発想）
・回転寿司のシステム
・宅急便システム
・カラオケ
・PET ボトルのリサイクルシステム

などなどがあります。

みなさんが知っている例を挙げましたが、いずれも新たな価値を創造し、顧客に提供し、対価を獲得しているものだと思います。

　これらは有名な例だけですが、実際にはちょっとした発明、商品、仕組みなどによって新たな価値を提案しているものはイノベーションということができます。

新結合とは？──ノーベル賞級の発明は不要

イノベーションを語る上でとても重要な単語があります。それは「**新結合**」という単語です。イノベーションという単語を経済や企業経営の世界で広めた経済学者、ヨーゼフ・シュンペーターは、「イノベーションとは新結合である」と主張しています。そして、新結合とは、以下のように言われています。

1　新しい生産物または生産物の新しい品質の創出と実現
2　新しい生産方法の導入
3　産業の新しい組織の創出
4　新しい販売市場の創出
5　新しい買いつけ先の開拓

出典：J.A. シュンペーター『企業家とは何か』未訳短編集　清成忠男訳　東洋経済新報社　1998 年

この新結合の意味は、新たに何かを結合させるということですから、革新的な原理の発明である必要はありません。**すでに存在している何かと何かを組み合わせることで新たな価値が出れば新結合、すなわちイノベーションになる**と言えます。

新結合という考え方で前述のイノベーションの事例を考えてみましょう。

LED とその後の応用は、LED の開発はノーベル賞を受賞された赤崎先生、天野先生、中村先生のスゴイ発明の GaN を元にしています。その後の組み合わせのイノベーションとして、液晶のバックライトへの適用、一般照明、交通信号、車のヘッ

第 1 章　新規事業創出は「ニーズ発想」というのは思い込み　21

ドライトなどへの適用が行なわれてきました。それがイノベーションだと思います。

　また、**ウォークマン**は言うまでもなくカセットデッキを小型にし、歩くという行為と組み合わせて、新たな価値を提供しました。これが、小型というところだけ訴求し、卓上の超小型カセットデッキだったら、イノベーションではなく既存の延長上の商品になっていたと思います。

　GPS技術は軍事用途に開発されたものですが、その発明を応用し、地図ソフトと組み合わせ、ナビゲーションとして車に、スマートフォンへ適用することで新たな価値を生み出します。さらにそれらのGPSとデジタルカメラ、携帯電話を結びつけたスマートフォンもイノベーションです。

次図は携帯電話の通信機能と音楽再生装置、デジタルカメラ、各種センサが組み合わされる（**新結合**）ことによって、**スマートフォン**になっていることを示しています。通信機能とデジタルカメラの新結合もイノベーションですし、通信機能と音楽再生装置の組み合わせもイノベーションです。新しいセンサを開発した場合、それをスマートフォンに組み込み、価値を高めることができればイノベーションになります。そしてそれらが組み合わさって、さらに大きなイノベーションであるスマートフォンになっています。

　ノーベル賞級のスゴイ発明を必ずしも生み出す必要はなく、**誰かの発明、誰かの技術に何か加えて新しい価値を生み出し、ビジネスになるならばそれがイノベーション**です。

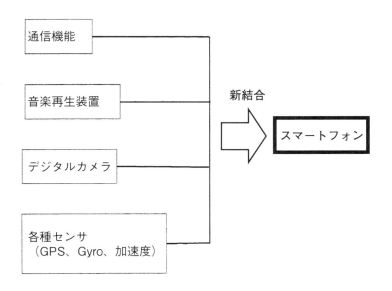

第１章　新規事業創出は「ニーズ発想」というのは思い込み　23

新規事業創出に「ニーズ発想」は不可欠なのか？

ニーズ発想とは顧客からの要望や顧客の欲しいものを考えて商品化するということです。一方で、**シーズ発想**は自社の技術を元にした商品を開発し顧客に提供することです。

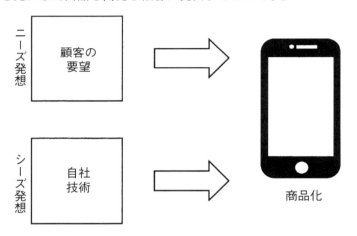

 一般的に技術者は、自身の専門分野には詳しいが、市場のことやビジネスのことに対しては弱いと言われます。最近では技術者でも社外に出て潜在ニーズを見つけてきて、顧客候補と話をして、技術を売り込みながら、課題を発掘することが求められたりします。

 すぐに上記のような動きができる人もいますが、技術一筋で頑張ってきた人にとってはなかなかハードルが高いのではないでしょうか。

 上司から以下のようなことを言われたことはありませんか？

・「新たな価値を生み出すために、世の中の課題は何か？」
・「顧客の真の課題は何なのか？」
・「どこかに"困っている"というニーズはないか？」
・「利便性などを向上できないか？」
・「潜在ニーズを探そう！」

　そして、これらの掛け声とともに、膨大な時間を費やしてニーズを探すために会議が行なわれたり、テーマのアイデアを探すために会議が行なわれたりする、そんな経験はないでしょうか。そして、精神的な疲労がたまる……。

　運良くいいアイデアが出ても、それが実現できる確率はかなり低いのではないでしょうか。私自身、何度もそんな経験をしてきました。新たなモノを生み出すためには重要なことだと思いますが、確率が低い気がしています。もう少し確率を上げることができたら思っており、本書の後半部分で確率を上げる方法を提案したいと思います。

第1章　新規事業創出は「ニーズ発想」というのは思い込み　25

重要なのはニーズとシーズのマッチング

　一般的にニーズ発想の方法は、社会や市場のニーズを起点として、広がっていく市場、消費の傾向、不満などから、ニーズを発掘していくという発想です。MOT（Management of Technology）やイノベーション関連の本には、顧客の真のニーズは何か、潜在ニーズはこうやって探る、未来の予測はこうする、など記載され、様々な方法が示されています。また、比較的余裕がある組織では、積極的に社外に出て、市場のニーズを集めてきて、社内で吟味するような方法もあります。ニーズ発想でアイデアを広げていきビジネスを目指すことに関してはたくさんのやり方がありますが、必ずアイデアが出るわけではなく、ある程度のトライアンドエラーが必要になってきます。

　ニーズ発想に関して、Apple のスティーブ・ジョブスさんの有名な発言で以下のようなものがあります。

　「何を欲しいかなんて、それを見せられるまでわからない」
　「ベルが電話を発明した時、市場調査をしたと思うかい？」

　ニーズ発想を進めたり、市場調査を進めたりしても真の顧客のニーズはわからないと発言されており、**ニーズの発想やニーズの調査が必ずしも完璧ではない**ことを示しています。

　私自身、研究の開発当初は、技術者は展示会に行ったり、セミナーに行ったりして様々な商品や技術に触れてきましたが、すぐには結果が出せませんでした。「すぐには」と記したのは、その時にはということで、その時に頭にインプットした情報は

後々、商品化の役に立ったということです。無駄ではなく、短期的な時間軸では成果が出なかったということです。

このようにニーズ発想は万能ではなく、技術者がそこを起点にして考えようとしても、本来の技術の仕事ではないので不得意であったり、良いアイデアが出なかったり、すぐに結果につながらなかったりで、難しいと考えています。いわゆる**ニーズとシーズとのマッチングがやはり重要**となります。

技術者がシーズからテーマを考えたら

技術者は自身の技術領域は詳しく、今後の技術のトレンドに関してもよくわかっており、どんな技術が期待されているかという情報はすでに持っているものと思われます。そのため技術者がシーズからテーマを考えるということは、シーズからの発想で、そのシーズを用いて何ができるのかということを考えることになります。

そして、社内の技術者が集まってブレイン・ストーミングを行なったり、KJ法を行なったり、マインドマップで整理してみたり、いろんなことをやってみると、それなりに技術的に面白いアイデアが出てきたりします。しかしながらそれらの多くは既存事業の中での改良や改善により事業貢献するということはあると思いますが、出てきたアイデアが新しい商品、そしてそれが新規ビジネスにつながるところまではいくことは少ないのではないでしょうか。シーズそのものは技術の面白さや、技術そのものの発展性などから考える場合が多いため、商品や市場とのつながりが弱くなりがちです。

また、技術者が実際に市場に出て、顧客の声を聞いてみても、

なかなか自身の技術に繋がらず、シーズとニーズの間で右往左往する若い人をたくさん見てきました。そのため、シーズからの発想よりもニーズからの発想のほうが直接的に商品に結びつくので、技術とは関係ない人々からすると好まれます。

　技術シーズとニーズを結びつけて、新たなテーマを考え出して、さらにそのテーマで商品化まで進めるというのは**至難の業**です。そこで、その至難の業を少しでも確率を上げて実現できる方法を提案していきたいと思います。

経営者はニーズからの商品開発を期待しがち

　市場のニーズにより近い経営者から見ると技術者の開発は技術者の自己満足のように見えたり、突拍子もないことをやっているように見えたり、前に進んでいないように見えたりするため、経営者自らが、テーマを提案する場合もあるかと思います。

　経営のほうから技術者に商品開発の期待として、「＊＊＊の分野で商品を考えてみろ」とか、「この分野が伸びるので挑戦してみよう」ということでテーマが来ることもあるでしょう。経営者の視点は、業界の大きな流れであったり、社会の変化であったり、中長期視点でマクロの視点からで、ニーズ発想のテーマが多いかと思われます。経営者は経営者同士の独自の情報網などにより、技術者では思いつかないような切り口のニーズを保有していることが多いと思います。

　そのニーズが自社の保有のシーズに当てはまるといいのですが、当てはまらないとそのシーズとなる技術の開発に時間とお金がかかります。そのため短期的にアウトプットが出ないばかりか、経営に対しての期待にも応えられないことになります。なんとか強引にテーマ化したとしても研究開発のフェーズが進むにつれて矛盾点が大きくなり、破綻してしまうことが多々あります。

　シーズとニーズのマッチングは大変重要なことですが、**無理にテーマ化してもいいことがありません**。技術者も経営サイドも不幸になります。ニーズからの発想で、よいテーマであっても筋の良い技術と結び付けなければゴールに辿り着くのは難しいものです。

第1章　新規事業創出は「ニーズ発想」というのは思い込み　29

そこで以下のような流れで判断するとよいと考えます。

ニーズを発見した場合、そのニーズを解決する手段が社内技術にあるかどうかを吟味する。もし社内技術にあれば、めでたくテーマスタートができます。

社内技術にない場合は、社内で構築する、社外から技術を導入する、あるいは他社と協業するなどになるかと思います。この場合は、様々なハードルがありますので、時間とお金がかかります。

経営者からのテーマに関しては、**技術シーズがない場合は、ヒト・モノ・カネを要求して、会社として腹をくくって進める必要があります**。その覚悟を持って進めるべきテーマです。

R&D のマネジメントの難しさ
——技術者とマネジャーの軋轢

　技術開発分野、特に R&D（研究開発）分野のマネジメント
はとてもむずかしい面があります。マネジャーとしては、将来
が見えていない中、すなわち進捗とゴールの距離がわからない
中で、その進捗をいかに管理していくかという難問があります。
　既存事業のように確実に市場のあるテーマではない場合は、
技術者はモヤッとした市場、将来伸びるであろうと思われる市
場に対しての技術を研究開発します。その際にマネジメントサ
イドは、仮の目標としてある市場を設定します。そして、開発
途中でその目標よりも、新たなより大きな価値を生み出すよう
な市場が見えたとしても、マネジメントサイドでは、当初の目
標とのギャップを埋めて修正するように要求する、ということ
があるかと思います。その際に当初の目標が適切かどうか、時
間とともに変化していないか、価値が変わっていないかなどの
吟味をする必要があります。

　すなわち、開発を進めていったその先には、当初の目標とは
異なる新たな大きな市場があるかもしれません。開発が進んだ
ある段階でその後の展開をどうすべきか考える必要がありま
す。開発を進めている技術者はその将来に関しては手触り感を
持ってイメージできますが、技術が十分にわかっていないマネ
ジャーは、その手触り感がありませんので、当初の目標との
ギャップのみにフォーカスして、修正を指示することが多々あ
ると思われます。その修正が適切であればよいのですが、大き

第 1 章　新規事業創出は「ニーズ発想」というのは思い込み　31

な機会損失になる場合もあります。技術者は将来の市場を感じて開発しているのに対して、マネジャーは当初の目標とのギャップに注力して指摘をします。そのため現場の技術者とマネジャーの間で軋轢が生まれやすくなります。それぞれの立場での考えは間違っていませんので、どちらが正しいともいい切れません。そのため双方のコミュニケーションが重要です。

マネジャーによっては、技術開発がかなり進んだ後に、お金の匂いがしそうだ（利益が出そうだ）ということがわかってくると、今まで技術開発の修正を強く望んでいたにもかかわらず、急に態度を変え、応援に回ってくれる場合もあります。日頃のコミュニケーションが重要です。

マネジャーには、これらをある程度正しく判断するための「目利き力」が要求されます。

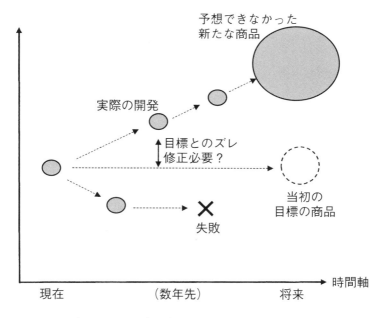

必ずしも目標どおりにいかないR＆D

技術者はこうして「逆襲」する

　技術者になった理由は何でしょうか？　理科が好きだった、あるいは、なにか新しいものを作りたい、他の仕事よりも就職率が良かったなどなど、積極的な理由もあれば、消極的な理由もあると思います。

　私の場合は、せっかく技術者になったので、その技術によって社会に貢献できればいいなと考えてきました。学校の先生、大学の先輩、就職してからの先輩、指導員の方々からたくさんのことを学んできており、その学んだことが自分の技術や考え方の一部になっています。その学んだ結果や自身の勉強、経験を加味してさらに発展させていきます。そして技術者として、何か新しいモノ／コトを作るために利用する。結果として、社会に役に立つものを作り、会社と社会に貢献する。自身の技術を活かすということが結果としては最初に技術等の指導をしてくれた諸先輩方に恩返しをすることだと思っています。当然、社会に貢献した分の対価として、売上あるいは給与という形で社会からお金をいただくことになります。さらに、自身が考えて学んだことに少しの自身の経験を加味して、次の世代に教えていく、それがよい循環で回っているのが理想的だと考えています。

　社会に貢献する度合いが高ければ高いほど、その対価であるお金も大きなものになるのが現在の資本主義の良いところです。ただし、サラリーマンでは給与が爆発的に大きくなることはないのが、残念です。

　経営や人事の視点としては、社内の人材が有効に活用され成

果が上がるというのが理想的な形です。社内技術が活きて成果が上がるのはとても望ましい状況です。

考え方や世界観は人それぞれだと思いますが、せっかく学んだ技術をさらに自身の中で熟成させて発展させて、新しいものを作って社会に貢献しましょう。**それが本書の「技術者の逆襲」の真の意味です。**

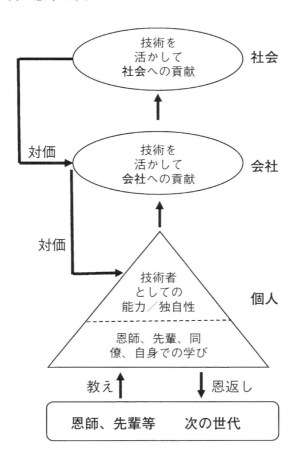

逆襲への1歩目（1章のまとめ）

・技術開発の現場でイノベーションが強く求められています。技術者の思いをうまくイノベーションにつなげて会社／社会に貢献することを考えてみましょう！

・既存の延長線上のテーマではなく、本業の事業のロードマップ外のテーマはないだろうか？　と一度考えてみよう！

・経営からの要求はいつも厳しいものです。いわゆる無茶振り。その無茶振りに現場から応えることを考えてみましょう。いつも言われっぱなしではなく、逆襲できないか、頭の使いどころです！

・イノベーションは組み合わせです。ノーベル賞級の発明をする必要はありません。何か少し、価値を高める方法はないでしょうか？

・ニーズ発想は重要ですが、技術者である自身の技術が「ニーズ」と結びつかなければ苦しい。自身のシーズを大切に考えて、自分が活きる方法を考えましょう！

・先生／先輩からの学び→自分の中でさらに発展させる→発展させた技術を活かす→社会に恩返し→若い人への伝承……この繰り返しが、技術の発展、社会の発展をもたらしています。この循環のサイクルに入って、社会への貢献（現場からの逆襲）を実現しましょう！

第 2 章

▼

既存事業はなぜ
ジリ貧になるのか

最近、研究開発のやり方が変わってきたと感じています。
いままでは開発したものがそれなりに売れていたのですが、
だんだんと売れなくなってきている印象です。その原因に
関して推察し、どうすればよいか考えてみましょう。

既存事業のジリ貧の秘密

　昔からある事業の売上／伸びはどんな感じでしょうか。絶好調な例もあるかと思いますが、売上が減ってきているケースがいくつか身近にあります。私自身の印象ですが、リーマン・ショック（2008年）の前ごろからモノがなかなか売れなくなり、研究開発の現場でも何を開発していいのかわからなくなってきているような気がしています。

　右肩上がりの時代は作ればモノが売れる、そして性能アップしていけば新しい価値としてモノが売れました。それが、ある時期から性能アップして売れはするものの、販売価格の低下もあり、利益率は少しずつ悪くなっていきます。その後のモデルチェンジによってもその傾向は続き、少しずつ利益が減少していくようなイメージです。

　このような状況がなぜ発生するかを、デジカメを例として技術の視点で考えてみました。

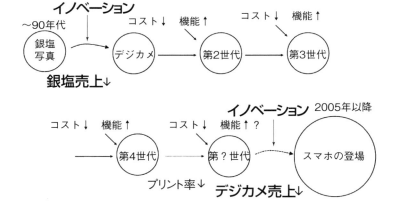

2000 年以降の本格的なデジカメの登場により銀塩写真はほぼなくなってしまいました。その後、デジカメは画素数を競いながら、200 万画素、400 万画素、1000 万画素というように性能がアップしていきました。開発の現場では熾烈な戦いがあったはずです。しかし技術者のモチベーションは高かった時代だと思います。すなわち、いかに画素数を上げるか、画質を上げるか、小型化するかなどのやるべきテーマと目標が明確になっており、成果もそれなりに出ていた時代でした。

　しかしながら、熾烈な競争が進むにつれて、性能のアップがそれほど売上のアップに繋がらなくなり、価格競争もますます厳しくなってきました。その頃になると、携帯電話が登場し、デジカメではなく携帯電話で写真を撮るようになります。さらにその後のスマートフォンの出現によって、デジカメで写真をとるよりもスマートフォンによって、その傾向はさらに強まりました。

　そうすると、**いままでデジカメ関連の開発をしていた人々は何を開発してよいのかわからなくなります**。このような状態が、**既存事業ジリ貧の秘密**だと思っています。

　これはわかりやすい例ですが、他にもハードディスク、光ディスク、ワープロなどの電化製品にはその事例がたくさんあります。

プロダクトライフサイクルを意識する

　このデジカメの例には有名な事例が含まれています。

　それは**プロダクトライフサイクルに関する**ことです。製品には寿命があります。その寿命と売上を示したものを左図に示し

第 2 章　既存事業はなぜジリ貧になるのか　39

ます。先程のデジカメは 2000 年頃から導入期に入り、その後、成長期、成熟期と進んでいます。現在はおそらく減衰期に入っていると思われます。

技術者の視点で考えてみます。

導入期：この時期は R&D で成果が出たものをようやく市場に出した時期です。研究開発した人たちの一部は製造の方の手伝いをしたりしているかもしれません。これから右肩上がりの市場の伸びが期待でき、現場は活性化されています。また、関連の技術や性能アップのため、さらにはコストダウンのための技術開発がすでに始まってきており、R&D の現場、開発の現場、製造の現場ともに、元気な状況です。

成長期：この時期も右肩上がりの成長が見えます。市場がまだ伸びており、商品の性能アップやコストダウンなどをはかりながら利益を伸ばしていくことができます。商品の種類にもよりますが、勘のいい技術者はそろそろ将来の不安を感じ始める人も出てくると思います。

例えば、先のデジカメであれば、携帯電話のカメラ機能などがそれに当たります。当初、携帯電話のカメラの画素数は小さく画質も悪かったのです。そのため、デジカメ陣営のある技術者は携帯電話のカメラはおもちゃだと思っていたとのことです。一方で技術の将来の流れがわかっている技術者は驚異を感じ始めていた時期だと思います。

成熟期：この時期はすでに市場の飽和が見えてきて、機能アップしても、コストダウンしても商品の価値が大きく向上し

なくなり、市場が伸びなくなります。市場が伸びない傾向が顕著になるので、経営としても大きな研究開発費をかけられなくなります。また市場を国内から海外へ移行するという流れも加速すると思われます。

　技術開発の現場は開発費の減少とともに盛り上がりません。ダウントレンドに気づく技術者が増えてきて、技術によって何かしなければという焦燥感が出始める時期だと思います。新たな技術開発／研究を少ない予算で工夫しながら始める技術者も現れてきます。一方でこの技術がある程度成熟してからしか知らずに育った技術者は何をしていいのか、全くわからないという状況になり混乱してしまいます。

　衰退期：この時期、経営としては、技術開発に人をかけることができません。そのため人の配置転換などが行なわれ、いわゆるリストラが行なわれます。そして実質的な開発者がどんどんと減っていきます。開発自体は行なわれなくなり、最小限の

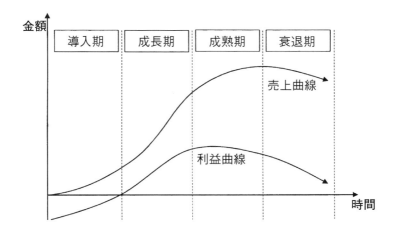

人員で現場をやりくりしながら回すようになります。この時期になると、事業の売却や撤退などが議論されるようになります。

現在の国内の大手企業あるいは中小企業においても、既存の事業のある部分は成長期を過ぎて衰退期にあるのではないでしょうか。このような理由から、既存事業がジリ貧になっていきます。

既存事業ジリ貧の秘密をまとめると以下のようになります。

従来技術についてコストダウンと機能アップを繰り返していく。そのうちにコスト競争が激しくなり、利益率が下がる。さらに市場が飽和したり、低コスト品が出てきたりする。そのうち、全く違う商品で置き換えが行なわれることにより、その商品の寿命が近づく。

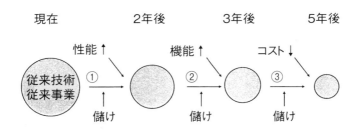

このようなジリ貧状況がある中で、会社としては新たな価値を生み出さなければなりません。そして未来を明るいものにするために会社に属する技術者一人ひとりが知恵を絞り、新しいものを生み出したいと思います。

ジリ貧を後押しする企業／組織の慣性の法則

　新しいことを提案しても組織から拒絶されて、がっかりした経験はないでしょうか。私自身、新しいアイデアを出すのが大好きなタイプですので、これまでたくさんのアイデアを出してきました。しかし、その多くは否定されてきました。確かに今思うとそれらのアイデアは十分に練られているものではありませんでした。しかしながら、そのアイデアの本質の部分を議論すれば、さらにブラッシュアップしてよりよいアイデアの提案ができたと思いますが、否定されたときに、がっかりしてそのままになったものが多数あります。

　アイデアの段階では出口までの筋道が未完成だったり、実用化までのハードルが高かったり、社内技術だけでは不可能だったりして、否定されることはよくあります。しかし、**否定する人々は、アイデアそのものの肝となることとは別の理由で否定している場合が多々あります。**

　「そんなことはうちの部署とは関係ないよ」
　「そんなビジネスは当社はやったことないよ」
　「既存事業だけで手一杯だよ」
　「いくらお金がかかると思っている？」

　普通の会社組織は、既存の事業による利益を大きくするために最適化されています。そのため**新しいことは既存の組織の枠組みを壊す可能性があるため嫌われます。**組織内の個々のメンバーは、そのようなことを思っていなくても、組織として考え

第 2 章　既存事業はなぜジリ貧になるのか　43

ると新しいことに対しては結果として反対するようなことが多くなります。私はそれを、**組織の慣性の法則**と呼んでいます。

慣性の法則は皆さんご存知かと思います。簡単に言いますと、止まっている物体に力を加えなければ、そのまま止まり続け、動き続けている物体に力を加えなければ、そのまま動き続けることです。そしてこの性質は質量が大きいほど大きいのです。

企業の組織も全く同じです。大きな組織ほど既存の事業での

やり方、過去の成功体験などに囚われて新しいことに対して否定的になります。その組織が大きいほど、その既存のコトに関わるメンバーが多いので、より大きな既存の慣性力が働きます。さらに人間関係を含めて摩擦という軋轢も生じます。

そのため、既存事業とは関係ないアイデアに対しては、反応しないばかりか、既存の事業に変な動きを加えるものとして直感的に否定してしまうのだと思います。この慣性力は組織が大きければ大きいほど大きな力となると思います。その中で新しいことを始めるのは大変な労力が必要です。

一方でベンチャー企業のような小さな組織は、小回りがきき、

変化に対して、間違いに対して、新しいことに対して、迅速に対応ができます。そのため、大企業で新しいことを始めるためには、既存の組織とは切り分ける、組織を小さくする、責任の範囲を変えるなどのやり方で対応するのがよいと思います。

心の慣性の法則を断ち切る

　組織の慣性力と同じく、**心にも慣性力が働きます**。すなわち、今の状況に対して変化を拒みます。その状況が心地よければよいほど、慣性的な質量が大きくなり、変化に対して鈍くなります。誰でも変化によって、新たなリスクの発生を恐れます。そのため、他者の新しいことに対して、ネガティブなコメントになったり、だめな理由を述べてしまったりしてアイデアを潰すことになります。先に組織の慣性でお話ししたのと同じです。

　他者のアイデアや試みに対してはできるだけポジティブな面を見てコメントする必要があるかと思います。

　また、自分自身の置かれている立場に対しての変化についてはどうでしょうか。例えば新しいプロジェクトに挑戦したい、今あるテーマを中止する、さらには配置転換を希望している、転職を考えている、などの変化に対しても慣性の法則が働くと思います。やはり新しいことに挑戦するのには恐怖がついて回ります。私自身、経験のないことには、予想がつかないのでなかなか踏み出せません。失敗して大怪我をするわけにはいかないので、**私自身はリスクとリターンを書き出して表にし、じっくりと眺めるようにして考える**ようにしています。

　考えすぎると判断が遅くなってしまいますので、ある部分は思い切りが重要かと思います。

Column【一人で行なうブレインストーミング】

　ブレインストーミングは、アイデアを出すためのよい方法です。普通はある程度の人が集まらないとできないものですが、私の場合、一人でやることがあります。やり方は簡単です。

1. アイデアをノートにたくさん書き出す。
2. 一旦、作業を止めて、別の仕事をする。
　（何時間でも、何日でも任意の時間放置しておく）
3. 再びアイデアを見ながら、次のアイデアを考える。
4. 再び 1. に戻る。

　こんな具合です。

　過去の自分、現在の自分、未来の自分と対話しながらアイデアを出していくというイメージです。このやり方は、「**自身の心の慣性**」を断ち切るよい方法です。

　私の場合、その日の仕事が終わる直前に課題と対策のアイデアをノートに書き出して、次の日の朝に再度課題を見直すということをやっています。一晩寝ただけで驚くほど斬新なアイデアが出たりします。

　ぜひ試してみてください！！

第 2 章　既存事業はなぜジリ貧になるのか　47

ジリ貧状況で経営者は何を考えているのか

日本の企業の悩みとして、人材について、以下のようなこと
が挙げられています（出展　一般社団法人研究産業・産業技術振興
協会「民間企業の研究開発動向に関する実態調査」平成29年3月）。

上位のベストファイブを挙げましょう。

① 戦略立案のできる人材の不足
② 技術を俯瞰できる目利き人材の不足
③ 技術をマネジメントできる人材の不足
④ 創造的人材の不足
⑤ 異分野の融合をリードできる人材の不足

会社では事業形態の変化、ジリ貧が予想されており、上記の
ような人材が欲しいと思っています。そのため経営としては
様々な手を打っています。企（起）業家意識をもって仕事を進
めるための「**社内ベンチャー制度**」。個人レベルでのイノベー
ションのアイデアの芽をキャッチアップするための「**提案制
度**」などの取り組みが行なわれている企業もたくさんあります。
さらには、**迅速にプロトタイピング**を行なう組織ややり方、他
社との連携を積極的に行なうような**オープンイノベーション**。
社内の知識を共有化できるような**データベース、デザインとの
融合**を行なうような取り組み。このように様々なアプローチが
各企業でなされています。それぞれ一定の成果は上げているよ
うです。

「目利き人材」が現状打破のキーマン

　社内のアイデア募集などの取り組みで、たくさんのアイデアの応募があったとします。でも、将来大きなビジネスになる可能性がありそうなテーマ／アイデアが評価されない可能性もあります。あるいは反対に、この技術開発は大きなビジネスになるはずだということで、鳴り物入りで会社の大きなプロジェクトになったようなテーマでも数年後には潰れてしまったというようなこともあります。

　このことには**技術の目利き力**が関係していると考えられます。

　技術の目利き力とは、「情報が少なかったり不確実であったりする中において、**技術のよしあしを見分ける能力**」だと思います。

　私自身の経験と知人の会社の状況に、**以下のような事例**があります。

① 　ある材料を作りその材料を使えば性能が上がると予想されたデバイスがありました。そのための材料製造方法の方針もなんとなくわかっていました。そこで、社内の専門家と呼ばれる人に相談したところ、その方はその材料そのものの経験はないものの、材料物性から一般論として、できない理由を丁寧に、親切にいくつかアドバイスしてくれました。一方で、私自身はその一般論に納得しなかったので、実際に手を汚してやってみて、材料の開発に成功したことがあります。そのときに開発した材料を用いたビジネスは

第２章　既存事業はなぜジリ貧になるのか　49

かなりの規模になっています。

② ある時、とても性能の良い材料の開発ができました。その材料開発の初期から、その材料は応用が広いことからR&Dとしては、やるべきテーマだと思って私一人で進めていました。一方でその材料の合成のプロセスは一般的にはコストが高いと思われており、社内では実用化は無理だと言われていました。

　私自身は、コストは＊＊＊であるが、後工程のプロセスが＊＊＊の理由からかなり安くなるので、トータルでは安くなり、歩留まりを含めると良い技術だと説明していました。しかしながら、なかなか信じてもらえず、社内的には休止に追い込まれる直前のテーマでした。

　ある時、米国の関係会社のCTOにその技術を説明したところ、「凄い。すぐに実用化したいので、技術移管してほしい」と言われて、すぐに米国に技術移管して、量産化が始まりました。今では、その技術はコア技術としてかなりの売上を出しています。さらに様々な応用に展開が期待され、市場がまだまだ伸びていくようです。

③ 今現在、伸びている市場ということで、経営トップの号令のもとでスタートさせたものの、独自性にこだわったため汎用の少ない特殊な技術を開発しました。そのためバリューチェーンの前後がうまく繋がらなくなりました。さらには、市場状況が開発スタートしたときとは大きく変わり、開発が進んできた数年後には市場が縮小していました。結果として商品化のテーマは中止されてしまいました。

①の例は、目指す材料そのものの物性値とか固有の課題などに関して、**一般論として判断してしまったところにミスがある**ように思いました。実際にやってみなければわからないことと、やらないままに判断してしまっているのです。専門家であるがゆえに余計な予想をしてしまったように思います。

②の例は、材料そのものの特性よりも製造コストが高い**イメージのみで判断してしまっているところにミスがあります**。最終商品までのトータルのコストまで考えなければその技術の良い悪いが判断できない場合でも、一部の製造プロセスのみで判断してしまったためだと思います。**ビジネス全体で考えるようなセンスが必要です**。これらの例はたまたまうまく行っただけなので、私自身が人よりも目利き力があるとは思っていません。

③の例は、**自社の独自技術にこだわったため**、汎用性のない技術を開発してしまったこと、そのためにバリューチェーンが繋がらなくなったことが問題です。技術の開発段階でバリューチェーンの前後を考えて**商品までの道筋を想定しておくことが**重要です。さらに、商品化される数年後（？）にどのような市場になっているのかということもイメージできると、よりリスクが少なかったと思われます。

「目利き力」とは何か？

目利き力は総合力なので、すぐに付くようなものではないと思っていますが、以下のような力を持つとよいと考えられます。

（技術力）×（周辺技術の理解）×（時間変化）≒（目利き力）

- 現在の技術を正確に見る**基礎技術力**。一般論ではなくリアルで、実際のものによって判断できるような技術力
- モノの技術の場合、製造（量産化）まで考えて、**コスト、歩留まり**を予想する力
- 技術の前後の工程などを含めた商品まで（ユーザが使うまで）のバリューチェーンを考えた上で、**開発技術のメリット、デメリット**をおぼろげながらでも理解する力
- 現在の技術だけでなく、その技術の将来、バリューチェーンの**将来**などを予測する力

　これらは短時間のセミナーや研修で身につくようなものではありません。商品化までをイメージしながら、いろいろとやって失敗して、経験を積んでいくことが重要です。また広く技術のトレンドを知ることも必要です。

　一人の目利き力に頼るのも良いと思いますが、会社の場合は開発テーマの初期に、複数のメンバーで上記のような観点（技術、製造、バリューチェーン、コスト、時代の流れ）で考えましょう。

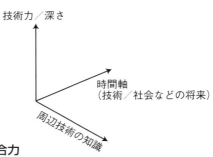

目利き力は3軸の総合力

オープンイノベーションの可能性

最近、「オープンイノベーション」という言葉を聞く機会が増えました。オープンイノベーションとは、ヘンリー・チェスブロウ博士によって提唱された概念です。このオープンイノベーションに関して、文部科学省（平成29年度科学技術白書）は以下のように説明しています。

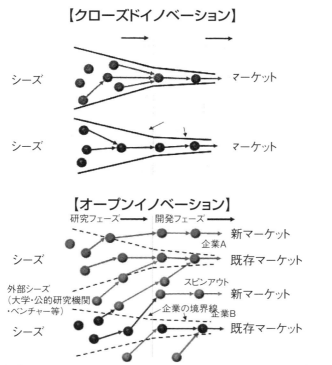

資料:『OPEN INNOVATION ハーバード流イノベーション戦略のすべて』(Henry chesbrough著、大前憲一朗訳)を基に文部科学省作成

前頁の図の上部分は、クローズドイノベーションのイメージを示したものであり、ここでは基礎研究から開発、その後、新製品がマーケットに出るまでのプロセスを示している。新たなアイデアは図の左（研究フェーズ）で生まれ、右のマーケットに向かって流れていく。その間、アイデアは選別され、生き残ったアイデアのみが製品化され、マーケットに出される。クローズドイノベーションは、研究と開発が一体となった内向きの自前主義である。

　図の下部分は、オープンイノベーションを説明したものである。プロジェクトは内部、外部双方のシーズからスタートすることが可能で、新しい技術は様々なステージからこのプロセスに入り込むことができる。さらに、プロジェクトは様々な方法で市場に出ることが可能で、自社のセールスマーケティングを通す方法の他に、スピンオフなどが考えられる。このモデルは、イノベーションプロセスの中で、様々な方法でアイデアが外部から入ってくることが可能で、市場に出て行く方法も多様なため、ヘンリー・チェスブロウはこれをオープンイノベーションと呼んだ。

これからわかるように、自前主義はこれまでの既存のR&Dのやり方です。一方のオープンイノベーションは、自社で出てきた良い技術でも自社で使えないものは外部の企業と連携して新たなビジネスへ展開する、あるいは自社にない技術を外部から導入して、自社でビジネス化するというものです。

　このやり方は、①これまで捨てていた**自社の技術を無駄にすることなくビジネス展開できること**、②他社の技術を有効に自

社に利用できるというメリットがあります。

　オープンイノベーションという言葉は最近ですが、昔から技術にこだわっている技術者は自身の技術をなんとか商品化しようと、外部メーカー等の他社と協業してきたように思います。しかし、自前主義の会社の中ではそれがなかなか難しいのかもしれませんね。

シリコンバレー流から何を学ぶのか？

　最近、シリコンバレー関連の本が沢山出版されています。シリコンバレーからだとなぜイノベーションが生まれるのでしょうか？

　総務省の Silicon Valley D-Lab レポートには、「シリコンバレーの特徴は、人材、文化、資金である。世界中から優秀な人材が集まり、失敗を恐れずチャレンジを繰り返す文化があり、そこに世界中の IT 企業、投資家が積極的な投資を行っている。この循環によりイノベーションが生まれるのがシリコンバレーである」とあります。

　このレポートの注目するべき部分は、**チャレンジを繰り返す**という部分だと思います。私自身、シリコンバレーの企業に、自身が開発した技術を移管し量産するため、また大型装置を開発するためにしばらくお世話になったことがあります。新たな装置開発をするには数億円の投資が必要になります。私自身は開発がうまくいくかどうかわからず、失敗が怖くて、何度も逃げ出したい気持ちになりました。しかしシリコンバレーのメンバーから、

「君の開発した技術だろう。そのことに自信を持ってこの新しい技術開発にチャレンジしようよ。全面的にサポートするよ」

　という言葉をもらい、一緒にゴールを目指すことになりました。そうと決まればすぐに投資を行ない開発がスタートしました。シリコンバレーのメンバーと一緒に約２年間チャレンジし、なんとか成功させることができ、投資も無駄にはならず、開発した装置は金の卵となりました。

モノづくりそのものについては、日本のすり合わせ技術や詳細な実験の進め方など、日本の企業のほうが優れていると思われる面がありましたが、チャレンジするという文化は日本より遥かに強かったように思います。
　そのときに有益なアドバイスを私に投げかけてくれたメンバーは、これまでに何度もベンチャーを立ち上げている有名な方です。私と一緒に仕事をした後で再び新しいベンチャーを立ち上げて、さらに大企業に売却しています。

　私がプロジェクトを通して感じたことは、**シリコンバレーには挑戦する気持ちがあるということ**と、**早い判断／決断**です。この考え方の違いが、大きな結果の違いをもたらしているのだと感じます。
　一方で、私が関わった分野においては、技術面では決してシリコンバレーには劣っていませんでした。その意味では日本の技術者は自信をもってよいかと思います。

ボタン(技術)から
スーツ(商品)をイメージする

　研究テーマを考えるときに『やらなきゃよかったあのテーマ』（池澤直樹著、オプトロニクス社）という本を参考にしたことがあります。その中の名言に、

「ボタンから服は作れない」

　というのがありました。

　服を新調するときに、真珠のボタンがあり、そのボタンに似合うような服を作るのはかなり難しい作業です。素晴らしい真珠のボタンがあっても、ニーズである服までイメージできなければ、真珠のボタンは有効に使われることはありません。すなわち、研究／技術開発において、凄い技術（真珠関連）を開発したとします。ボタンに加工する程度なら、この技術者はすぐ実現できるかもしれませんが、その真珠のボタンを用いたスーツまではなかなかできないと思います。

技術シーズ	プロセス技術	設計	最終商品
服の素材	裁縫技術	服のデザイン	スーツ
真珠	真珠の加工方法	ボタンのデザイン	

イメージできるか

仮に自身が真珠関連の技術者だとします。果たして最終商品であるスーツまでイメージできるでしょうか。スーツ関連に詳しくないとなかなかできないと思います。また、真珠のボタンをスーツメーカーに見せて、これに合うようなスーツを作って欲しいと言ってもなかなか難しいと思います。

　よい真珠ができた（シーズ）、それをボタンにする、さらに最適な服にするという逐次のステップで商品化を行なうのはかなり難しい作業です。そのため、技術ができた場合はある段階では、オープンイノベーションとして外に問うという作業が必要です。これで商品化の確率は高くなり、有力な方法といえます。

　一方で、**できた技術を最初から外に問うのではなく、自身でなんとか展開できるようになる**、もしくは**最適な協業先を探す**ことが、**技術者自身でできる**ようになれば、技術者は苦手な市場に出たり、営業的に顧客ヒアリングしたりすることなく、新たな価値を生み出せるのではと思っています。そのやり方を本書ではステップを追って考えていきたいと思います。

第 2 章　既存事業はなぜジリ貧になるのか　59

技術の評価とは──スーツのイメージがなければ ボタンの評価はできない

　先程の真珠のボタンとスーツの話を、マネジメントする立場／経営の視点で考えてみます。スーツと関係のない業界であればニーズの視点からスーツという発想は出てきません。社内の技術開発でスーツに適する真珠の技術、さらには真珠のボタンが開発されたとしても、顧客価値のあるスーツのイメージがなければ、その技術の評価はできません。そのため、**社内で開発された良い技術も評価できないため、埋もれていってしまいます**。

　これは私自身の経験ですが、従来にない新しい材料開発をしたのですが、上司を含めて周囲は価値がわからなかったため、ボツになりかけたことがありました。しかし、その材料を使った商品のイメージが付くようになってからは、高く評価されるようになりました。

　結局のところは、画期的だと思われる技術開発をしても、それが凄いかどうかは、お金になる直前にならなければわからず、その仕事に対して評価されにくいということになります。

　このように、**評価者に求められるのは、真珠からスーツまでを想像できるほどの目利き力**なのです。しかしながら、目利き力のある評価者がいない場合は、せっかくの技術開発が無駄になる可能性があります。評価する立場の人は是非とも、技術そのものだけでなく、その後のバリューチェーン、さらには時間のファクターを考慮した上で評価してほしいと思います。

アイデアを潰す困った人々

　新しいアイデア、新しいやり方などが頭に思い浮かんだとき
に、周囲や上司に相談したところ、結果としてアイデアを潰さ
れたようになったことはないでしょうか？　少し上からの目線
で批判や批評をすれば、誰でもちょっとした評論家になれます。
自身では行動を起こさずに、アイデアを出さずに、評論だけす
る、そんな厄介な上司や同僚はいないでしょうか？　このよう
な行為がイノベーションを潰している可能性があると思ってい
ます。

　アイデアを潰す言葉はたくさんあります。新規開発の案件で
以下のような言葉を投げかけられたら注意する必要があります。

・それってどれくらい儲かるの？

　　→できたてのアイデアはそこまで考えられていませんし、
　　　コスト面だけに注目するとアイデアの肝から外れてし
　　　まいます。

・いつできる？

　　→開発ではないので見えてないことがたくさんあります。
　　　アイデアの骨格を固めて、アクションプランに落とせ
　　　ばいいのです。実用化までのスケジュールは発案時に
　　　は不十分なのは当然です。

・それで上手くいくの？

　　→やったことがないからやるのです。アイデアの肝に注
　　　目し、上手くいかせるためにどうするかを一緒に考え
　　　て欲しいですね。

第2章　既存事業はなぜジリ貧になるのか　61

・同じようなことを以前やってみたけどダメだったよ
　　→同じようなことは全く同じじゃないでしょう。
・失敗したらどうする？
　　→挑戦する前に失敗を考えたら何もできません。成功さ
　　せるためにどうするかを一緒に考えて欲しいですね。
　　考えた先に答えがなければやめればいいだけ。
・他社がそれをやっていないのはリスクがあるからだよ
　　→前例がないのはチャンス。リスクを最小にして成功す
　　る確率を上げることに注力すればよいのです。
・それは他の部署の仕事だよ
　　→会社の利益になることを相談してやるだけです。その
　　他の部署が乗ってこないのであれば、自部署でやれば
　　いいのです。
・それは当社の事業領域ではないよ
　　→事業領域にない分野でも自社技術やノウハウが活きる
　　分野かもしれません。アイデアが良ければ他社との協
　　業などの可能性があるかもしれません。
・その開発がダメな理由がこれだけあって……
　　→アイデア段階ではダメな理由があるのは当然です。そ
　　のダメを如何に上手くいかせるかというのが技術の仕
　　事です。
・イノベーションを生み出せ
　　→掛け声だけでは生まれません。

　それぞれ悪気はないはずですが、言葉によってはアイデアの
伸びる芽が摘まれる可能性があります。生まれたてのアイデア
は、発案者の中でもまだ十分に整理されておらず、どう育つか

62

はわかりません。また、商品化までは必ずしも一本道ではありません。そのため、可能性を摘むような発言はイノベーションのマネジメントとしてはふさわしくないと考えます。技術の本質を見極めながら、可能性を広げる、課題を一緒に解決する方法を考えることが必要です。

Column【評論家／批評家への対処】

　評論家というのは厄介なものです。責任のない立場で、様々な批判やコメントを行ないます。さらには「アドバイスしてやっているのだ！」、「コーチングしてやっているのだ！」という態度で話を進める方も中にはいらっしゃいます。いわゆるマウンティングです！！　どのポジションの方も同僚や上司から突っ込まれ悩むことが多いのではないでしょうか。

　私の経験から得た結論は「その時は無視する」です。無視するというと表現がよくないかもしれませんが、その評論された内容の優先順位を低く扱うということです。

　評論の多くは、実際に経験のないところで、推測に基づいて話を進めます。そのため、実際に手触り感を持って実験や仕事を進めている現場の人間とは、感覚がズレていることがあります。また、その批評の中には、批判することが目的であり、自分（評論家）を優位にするため（自分は、あなたより偉いんだぞ！）ということを示すために行なわれるものもあるようです。そのような批判には誠心誠意丁重に反論するか、ある程度の成果をあげてから対処するべきです。

　私の例だと、ある材料開発において、高い性能を目指すということを進めているときに、以下のような指摘を受けました。

　一般的にそのやり方はコストが高くなるのでダメなのでは？
　＊＊の性能はトレードオフで悪くなるのでは？

　それぞれ一理あるのですが、これらの指摘に対する回答の優先順位を下げました。そして、本来戦うべき高性能化に注力し

ました。ここで、低コスト化に力を注いでしまうと、一番として目指すべき高性能化ができなくなってしまい、本来の目標が達成できずに、テーマ自体がなくなってしまいます。

　話はそれますが、優先度の高いことに集中しているライバルを蹴落とすためには、大きな概念による批判やアドバイスをすると混乱させることができます。禁断の技なので使わないでください。

　一方で、本当に重要なアドバイスもあります。特に、優先度の高い本質の部分のアドバイスには真摯に話を聞いて対策を進めなければなりません。

第２章　既存事業はなぜジリ貧になるのか　65

逆襲への2歩目（2章のまとめ）

・既存事業のジリ貧はプロダクトライフサイクルから考えると納得できます。今後は新たな価値を生み出す必要がありそうです。

・企業や組織においては、改革するよりも現状を維持するほうが楽です。それは物理の法則の慣性力と同じです。慣性力が働くことを認識して、逆襲への手立てを考えましょう！

・自分自身の心の慣性力には注意しましょう。変化に追従できなくなる可能性があります。

・目利き力は技術の深さ、周辺技術の知識、そして時間の3軸の総合力です。ひとつの軸にとらわれずに広く考えてみましょう。

・技術力だけではなく、挑戦する気持ち、そして早い判断があるのがシリコンバレー流。せっかく持っている技術で挑戦してみましょう！

第 3 章
▼
成功企業の秘密を探る
〜どこがすごいのか〜

既存事業はそのままだとジリ貧とお話しましたが、事業の転換を図ったり、新しい技術で大きなビジネスを育てたりしている企業があります。それらの秘密を探って、一人の技術者／研究者として参考にできないかと考えています。

現代に生きる孫子の兵法

　ジリ貧のビジネスに囚われている企業と新規事業を伸ばしている企業は何が違うのでしょうか。ジリ貧のビジネスから全く違う事業へ展開して、飛躍している？　それともジリ貧のビジネスが、いつの間にか花形のビジネスに変わるような変化があったのでしょうか。

　孫氏の兵法に「彼を知り己を知れば百戦殆うからず」という言葉があります。意味としては、敵についても味方についても情勢をしっかり把握していれば、幾度戦っても敗れることはないということです。

　ビジネスの現場においてもこの言葉は生きています。新規テーマにおいては敵がどこにいるのかというのはわかりにくいので、まずは、己を知ることが重要です。

　以下に**己を知るための方法**を述べていきます。

自社を知るための「技術の棚卸し」

　己を知るためには、**自社の保有技術、あるいは自分の保有技術を棚卸しすることが重要**です。棚卸しする際には、自社（あるいは自分）を見たときに強みとなる技術をまず考える必要があります。

　企業の強みは一般的にはコアコンピタンス（Core Competence）と呼ばれています。企業が持つさまざまな能力のうち、他社にはない「自社ならではの価値」を顧客に提供するための中核となる能力のことです。

技術的な強みってなんだろう？と考えたときに、**まずは自社の特許を調べる**ことをお薦めします。

　技術の会社であれば特許を出願しているかと思います。そして特許は、他社による真似を排除する性質がありますので、特許には出願した会社の独自の技術のネタがあるはずです。そして特に成立している特許は、**その会社の利益の源泉になっている可能性**があります。そのため、まずは**自社の特許を中心に分析**することが重要と考えます。

　以下のようなステップで考えるとよいでしょう。

- **自社の成立特許**を調べる。その中で**キーワードをピックアップ**して、**コアと思われる技術**をピックアップし一覧にする。
- 上記範囲を未成立の出願特許まで範囲を広げる。

　自社の出願特許が少ない場合や個人で本案件を考える場合は、以下のように考えて下さい。

- **既存商品の核**となっている技術をピックアップして、**キーワード化**する。
- 社内／個人の保有技術や専門技術を見渡して、**これが強み**だと言えるものがないか探してピックアップする。
- 自社のHP（ホームページ）やパンフレットから**キーワード**を探し出す。

　それぞれキーワードにすることで後々の分類がやりやすくなります。これらのキーワードは自社の強み技術に関連します。

第3章　成功企業の秘密を探る　69

次のステップとして、この強みがどのように事業戦略に生かされているかを見てみます。

自社の強みに立脚した事業戦略

　MOT（Management of Technology）の視点に立てば、上記の強みをいかに伸ばしていくかが戦略上重要となってきます。
　例えば以下のような選択があるとします。

　① 強みを伸ばすことに注力する
　② 強みを伸ばしながら、弱みを徐々に強化していく
　③ 弱みを補強する

　企業の経営者が今後の事業戦略を考えた場合、多くは①の選択肢を選ぶのではないでしょうか。弱い部分は時間と人とお金をかけて強みに変えるよりも、縮小やリストラ、売却などの策を考えるのが一般的だと思います。そして強い部分をさらに伸ばし売上、利益を大きくしていく。
　R&Dの視点でいうと、強い部分はより強くなるような方向で開発を進めるのが普通です。
　営業であれば、強い商品をより広い領域で売れるように努力するのが一般的です。
　この強みの強化がどのように技術戦略に利用されているか考えていきましょう。

アンゾフのマトリックスを徹底活用した事業戦略

　アンゾフの成長マトリックスとは、イゴール・アンゾフさん
によって提唱された、**事業の成長・拡大を図る際に用いられる
マトリックス**のことです。本書でも何度か出てくる重要な考え
方です。なお、本書は技術に関してですから、製品のところに
は技術の項目も入れてあります。前節で記載した強み技術の
キーワードは、既存技術の強みになります。

　事業の成長を「技術・製品」と「市場」の2軸におき、そ
の2軸をさらに「既存」と「新規」に分けて表した企業の成長
戦略をシンプルに表現しています。このアンゾフのマトリック
スはシンプルですが経営の現場でも頻繁に使われており強力な
ツールです（次頁の図。なお、本書では既存×既存が左下になるよ
うに記載しています）。

　マトリックスの中の領域で経営として取るべき手法があり、
それぞれ、①市場浸透戦略、②新製品開発戦略、③市場開拓戦
略、④多角化戦略と呼ばれています。

　それぞれの戦略を技術的な視点で考えていきます。

　イメージしやすいように、2000年以降に急速に大きな市場
を作った**デジタルカメラを事例**に考えてみたいと思います。

① 市場浸透戦略

　既存の顧客層に対して既存の技術を用いた製品が市場に浸透
していくことを狙う戦略です。この領域では時間や工数が大き
く、必要な開発行為は行なわず、製造コスト削減、流通や販売
の切り口を変えるなどして戦う方法です。

		市場	
		既存	新規
技術・製品	新規	② 新製品開発	④ 多角化
	既存	① 市場浸透	③ 市場開拓

　デジタルカメラで考えると、今ある商品に対して廉価版にしたり、サイズを小型化したり、カラーバリエーションを増やすなどしたりして顧客に価格メリットや新たな価値を提供するようなことです。この時の開発方針としては、事業部の商品化の計画に沿って進め、大きな技術開発は行なわない場合が多くなります。

　この領域の戦略は、市場自体が伸びていれば問題ありませんが、市場が飽和したり縮小したりしている業界ですと苦しい戦略となります。市場を海外に展開したり、全く新しい顧客を掘り起こしたりする必要があります。業界全体が縮小している場合は、ジリ貧になっていく可能性があります。

　別のマトリックスへの展開を行なうということも生き残るための重要な戦略となります。

② 新製品開発戦略

　既存の顧客に対して、新たな技術を付加した製品・サービスを提供して市場の成長を図ろうとする戦略です。

　デジタルカメラが市場に浸透しはじめた頃は、各社この戦略を採用しており、各社ともに画素数競争や性能競争などで少しでもカタログスペックの良い数字を競っていました。さらに画素数を上げたり、レンズを高性能化したりすることで、プロが使える領域まで技術を開発していきました。一眼レフやミラーレスという範疇はまさに市場開拓戦略における技術開発の結果だと考えます。

　この領域では市場ニーズを汲み取った技術開発を行なうこと、新たな顧客層を獲得するための営業戦略などが必要です。この領域においても基本的には研究開発の戦略は事業部の方針により決まることが多くなります。

　一方で、**本書の後半では事業部の方針に従いながら、技術者として逆襲できるような策を提案**します。

③ 市場開拓戦略

　既存の技術を用いて新たな顧客価値を提案していく戦略です。この戦略では、既存商品／技術を分析して、その特徴に基づいた新たな顧客を探すことが必要になります。

　携帯電話やスマートフォン関連の分野であれば、デジカメ用のレンズ技術を携帯やスマホ用のカメラのレンズに展開したり、デジタルカメラそのものをスマホに展開したりとなります。あるいは、顔認識機能と組み合わせてセキュリティー分野への参入、自動車分野での後部モニタ用カメラ、ドライブレコーダー用カメラ、サイドミラー用カメラなど新たな事業分野が考えら

れます。

　新たな市場への展開は、ある程度の技術開発が必要となりますが、既存技術をコアとすることで、**強みに立脚した事業戦略**を立てることが可能です。

④ 多角化戦略

　この戦略は新たな技術で、新たな顧客へ商品を提供していく戦略です。全く別の新規分野の事業への進出、すなわち**飛び地への進出を図る戦略**です。この戦略では、技術、市場の双方で関連の薄い事業分野への進出となり、リスクが大きく、しっかりと環境分析を行ない、リスクをできるだけ低下させてからの進出が必要です。

　デジタルカメラの例であれば、いきなりヘルスケア用デバイスに進出するようなイメージです。土地勘のないところに、土地勘のない技術で参入するわけですので、社内が一致団結して取り組む必要があると思われます。②や③の次のステップとして結果として多角化していたというのが好ましいでしょう。

　この戦略はリスクの高い戦略であり、経営者の判断が重要になってきます。

第３章　成功企業の秘密を探る　75

実例：技術のポジショニング

　いくつかの企業の例を調べることで実際の経営戦略がどんな
ものかがわかります。大手の材料メーカーの例になりますが、
3つの企業の実例を公知情報から分析してみたいと思います。
その上で我々技術者がどう考えていくべきかを検討しましょう。

実例1　富士フイルム──化学メーカーへの道

　富士フイルムは、銀塩写真全盛時代には銀塩写真を中心とし
た素材から機器、サービスまで含んだビジネスを展開していま
した。そして、銀塩写真の急激な市場衰退に対しても、上手く
対応できており、今も日本を代表する化学メーカーとなってい
ます。

　富士フイルムのHPには以下のようなポジショニングマップ
があります。どのような技術のポジショニングをとっているの
でしょうか。HPにある「技術の棚卸し～四象限マトリックス
～」を筆者が編集したものを示します。重点事業分野策定の3
つのポイントには、以下のことが記載されています。

　・**成長市場か**

　・**技術はあるか**

　・**競争力をもてるか**

　この3つのポイントは、時流に乗っており、市場が伸びてい
く分野のビジネスを選択すること、すなわちジリ貧の分野でな

		市場	
		既存	新規
技術・製品	新規	② ・X線画像診断システム ・デジタルカメラ ・産業用インクジェットプリンタ	④ ・化粧品 ・超音波診断装置 ・医薬品
	既存	① ・銀塩フィルム ・デジタルカメラ ・銀塩写真プリント （デジタルミニラボ）	③ ・太陽電池用シート ・ガスバリアフィルム ・透明導電フィルム ・カメラモジュール

いこと、自社の強みに立脚しているかということ、競争力については、自社の強みに関連して、永続的に勝ち続けられるような技術、仕組みなどがあるかどうかを考えているのだと推察します。

　図中の①の**既存技術 - 既存市場の領域**では、銀塩写真フィルム、カメラ、そして銀塩写真プリントシステム（デジタルミニラボ）が挙げられています。この領域は、2000年頃までの銀塩写真全盛時代の商品です。

　②の領域では、**従来技術を少し発展**させて、既存市場に導入した商品として、デジタルカメラ、産業用インクジェット、レントゲン画像／診断装置が挙げられています。この領域はアナログ（銀塩写真）からデジタル化へ市場の変化に伴い、技術開発を進めてきたように思えます。関連事業部の要請より、デジタル技術を研究開発するという既存の開発の方向です。この図

第３章　成功企業の秘密を探る　77

にはない膨大な商品が技術の改良により市場に投入されてきたはずです。

　図の③の領域では、銀塩写真に関する技術を応用して、**新たな市場展開**を進めている領域です。例としては、太陽電池用のバックシート、Ag の配線を用いたタッチパネル用フィルム、スマートフォン向けのカメラモジュールが挙げられています。それぞれ、銀塩写真のフィルムの技術、その当時のカメラ技術の発展形となっています。主に産業用のビジネス（いわゆる［B to B］）が多いように思います。これは直接一般の顧客に届ける商品は販売ルートを開拓したり、アフターサービスの管理をしたり、トラブルの対応までしたりといった市場への対応が難しいため、まずは B to B のビジネスのほうが多いと推察されます。

　④の領域は、新規技術を用いて新規市場に参入するといういわゆる**飛び地の領域**です。この領域の商品として、化粧品、医薬品、携帯型超音波探触子が挙げられています。これらは、富士フイルムの①の領域から見るとかなりの飛び地になっていることがわかります。しかしながら、この中身を分析していくと他の領域と深く関係することがわかります。

　現在、富士フイルムが銀塩写真分野から新たな化粧品や医薬の分野に進出し一定の成功を収めているという事実は、この分野にどのような考えで進出したかが重要になると思います。

　2015 年の当時の富士フイルムの取締役の戸田さんの以下のようなインタビュー記事があります（https://forbesjapan. com/articles/detail/2803　より抜粋）。

　　化粧品は、実は、戸田が入社当初から手がけたいと思っ

ていた分野。製造技術者時代から、化粧品業界の研究者が多い学会に参加しては、化粧品メーカーから畑違いな存在を訝しがられていたという。「写真フィルムは乳化や分散の技術が使われている。フィルム会社が、この乳化や分散技術を生かした化粧品を作ったらきっと面白いものができると、当時から確信していた」

　このように当時の富士フイルムのトップは、強み技術を元にして、新たな市場への展開を明確に考え出しています。

実例2　旭化成──「電子コンパス」

　旭化成は、「**サランラップ**」のような身近な台所製品から、家を建築する際には候補に上がる「**ヘーベルハウス**」、リチウムイオン2次電池用のセパレータの「**ハイポア**」、そしてほとんどのスマホの中に搭載されている「**電子コンパス**」など、多種多彩な製品を展開しています。最近の成功例として、電子コンパスを見てみたいと思います。

　旭化成のIR資料（2017.4.12）によると次のような記載があります。

　①素材開発は収益化までに時間がかかる
　②事業ポートフォリオを転換するような新事業は、戦略的にリソースを投入
　③高収益事業は、他社に先駆けて市場が形成される前から開発開始
　④コア技術を核に、幅広く横展開し、様々な事業へ展開

　これらをアンゾフのマトリックスに記載してみると図のようになります。

　事業の戦略はやはり**コア技術をベースに既存市場から、新規ビジネスへ展開**しています。会社として素材開発には時間がかかることを明確に理解した上で技術戦略を考えているようですので、研究者は研究に集中できる環境にあるように思えます。

　実際に旭化成から開発されたもので、**Li電池用のセパレー**

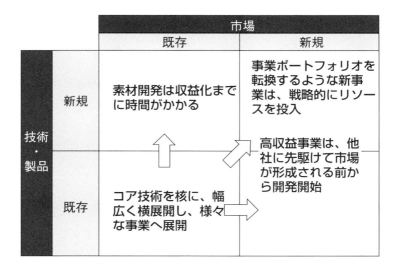

タというものがあります。

　これは、1970年代にイオン交換膜用に開発されたものですが、特性の問題から市場の期待を得ることができなかったようです。その後、鉛電池用セパレータとして使われていたようです。さらにその後、旭化成の吉野彰さんのLiイオン電池開発を経て、1990年代にLiイオン二次電池用のセパレータとして商品化されたようです。2000年以降のPC、スマートフォン等の流れに乗りLiイオン電池は様々なところで利用されてきており、大きな市場を形成しています。

　まさに、コア技術を幅広く展開、素材開発は時間がかかる、高収益が期待される事業に他社に先駆けて参入するということを示しているよい例です。

　もう一つの例として、**磁気センサの事例**を紹介します。1980

年代にオーディオのモーター用に採用された磁気センサは、1990年代にはＶＴＲやフロッピーディスク、PCの冷却ファンなどへ展開し、その後多くの白物家電にも搭載されたようです。2000年代になってから、携帯電話向けに電子コンパスとして新たな開発が行なわれました。その後、スマートフォン時代になり、ほとんどすべてのスマートフォンに旭化成製の電子コンパスが搭載されるまでになっています。

　この事例も、コア技術である磁気デバイスの技術を核に様々な分野に応用され、進化しながら電子コンパスという大きな市場を作っていったことがわかります。磁気デバイスから電子コンパスまで開発者は異なりますし、マーケティングの手法も異なります。しかしながら、**コア技術を生かして、そこに新しい技術を付与し、新たな市場へ展開**するという流れは、旭化成の戦略そのものです。

実例3　日東電工──「三新活動」

　同じく素材関連のメーカーとして日東電工を見てみます。1954年から始められている「**三新活動**」という市場開拓活動が日東電工にはあります。その活動は次ページの図のような活動です。現行事業から現行の技術を活かした新製品開発、現行事業から現行技術を活かして新たな用途開発、さらにそれぞれから全く新しい需要創出へつなぐ流れになっています。**この図はアンゾフのマトリックスの構造とそっくり**であることがわかります。アンゾフのマトリックスは1957年に発表されていますから、その3年前からの活動とは驚きです。

　さて、実例として水を浄化するための**逆浸透膜**に関して、公開資料をもとにその発展を次の図に示します。1980年代に開発された逆浸透膜は半導体用の水を製造するために用いられたようです。その後、国内の半導体産業の凋落とともに出口を模索する中で、既存の設備のメンテナンス、サービス・ビジネスをスタートさせることで、メンテナンスという技術分野を取り込むことに成功したようです。その後、世界的に水が稀少価値の高い資源として認識されるようになりました。その海水の淡水化に本技術が適用できるということで、大きな市場を獲得できるようになりました。さらに大きなプラントでの海水淡水化のオペレーションの一翼を担うビジネスを展開しているようです。

　このように、半導体用の水製造であった逆浸透膜の技術に新

第3章　成功企業の秘密を探る　83

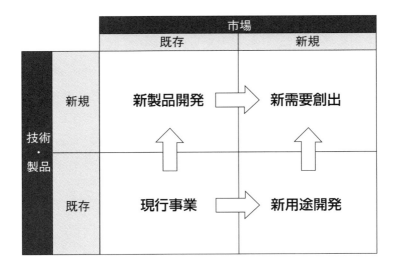

たな技術を付加(メンテナンス等周辺技術)し、市場のニーズの変化に伴い新たな市場へ展開しており、まさに三新活動になっています。

　もう一つの事例として、IR資料から**防汚フィルム**について述べます。船用の防汚フィルムの技術に対して、新たにペイントタイプを開発することに成功しています。そしてペイントタイプにすることで様々な市場展開ができるため、全社的にこの技術の応用を探っているようです。さらに、新たな市場として船用センサへの防汚フィルムの適用を進めています。そして、これらの技術はさらに新たな市場として、インフラ系への展開を図っているようです。このように防汚フィルムという技術を発展させて、市場を広げていっていることがわかります。

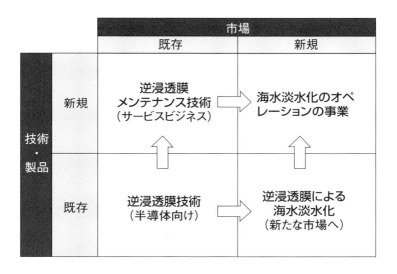

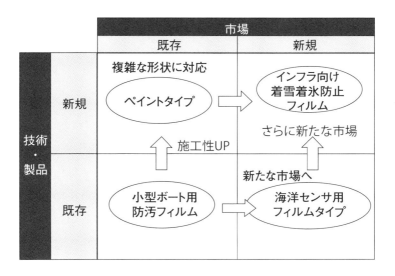

成功企業には共通点がある

　以上のように3社の事例を見てきましたが、共通していることは、**既存事業／保有技術を足がかりとしており、それらを新規市場へ、新規商品へつなげている**ということです。うまくいっている企業のポイントを私なりに整理すると以下のようになります。

・**自社の技術をしっかり分析して、その上で方向を決めている**

　　自社の技術の強みをしっかりと把握した上で今後のR&D戦略を立てていると思われます。その分析の元に適切な技術開発を行ない、適切な市場を目指しているようです。

・**何もないところへはいきなりは進まない**

　　どの企業もいきなり飛び地の領域に踏み出しているわけではないようです。新たな市場へ展開した後もその市場に特化した技術開発をしている。そしてそれは結果として、新技術と新市場を組み合わせた飛び地の領域（多角化）になっています。

　次の章では、**この成功のポイントを技術者が一人でも実行できるように、具体的な方法を紹介していこうと思います。**

Column【人の時間を利用する】

　ある開発において、私に与えられたマンパワーは 0.1 程度でした（15％ルールということを勝手に決めて、上司にはお願いしました。認めてくれた上司には大感謝です！）。当然のことながら＊＊＊を作るための＊＊装置も持っていませんでした。ケースによりますが私は以下のように進めました。

通常のやり方

　正式なテーマにするために審議して予算を申請して、人を確保して……などなどのプロセスを経て、半年から 1 年後にプロジェクトがスタートするのではないでしょうか。私も当初は、製造用の＊＊装置が約 **** 万円でマンパワーが 1 ～ 1.5 人必要だと上司にお願いしました。

　　→　当然「却下！」でした。いわゆる秒殺です。

　これは、コストと時間効率の悪い方法です。

次に考えたやり方

　＊＊装置は他部署のものを借りてやるということにしました。しかしながら、このやり方は、装置を借りるための根回し、都合のいいときには実験できない、実験中は装置に張り付く必要がある、などの問題がありました。時間効率の悪い方法です。

人の時間を利用する方法

　最終的には、某工業試験場に依頼し、最初のノウハウのみを伝授し、後は実験してもらうこととしました。工業試験場ではベテランの研究員の方が、さまざまな工夫を入れて実験を進めてくれました。予想以上によい結果が得られました。工業試

場としても民間企業からの委託ということで実績になるため大歓迎でした。まさに WIN-WIN の関係で仕事を進めることができました。

このやり方のスゴイところは、他人のリアルタイムの時間を使えるだけではなく、彼らのノウハウまでも（他人の過去の時間）が使えることです。その間、私は本業である別の技術開発に注力することができました。

このやり方の応用編が、本書の後半部分の他社の特許を使うということです。特許の中には発明者の膨大な努力や苦労、ノウハウが詰まっており、それを有効に利用するということです。

逆襲への3歩目（3章のまとめ）

・自社の技術／自分の技術の棚卸しをしてみましょう！　そこには他社／他者とは違うなにか、強みがあるはず。自社の特許を調べてみるといろいろと分析できます！

・アンゾフのマトリックスは各社の戦略の分析ツールとして使えます。気になる会社の戦略を分析してみましょう！　その分析から何が見えてくるか、自社／自分ならどうするか？

・成功している企業は、強みに基づいています。いきなり土地勘のない領域には進出していない。この考え方を自分たちに当てはめて考えてみます！　なにかヒントがある気がします。

第4章
▼
技術者の逆襲　インプット編
〜「特許」を分析して〜

本章では、これらからの逆襲のための素材を集めることを行ないます。成功している企業は、自社の強み技術をしっかり分析してその上で戦略を立てています。まずは、我々技術者もいい武器を揃えて、戦略を立てて新しい世界に飛び出しましょう！　キーワードは「特許」です。

イノベーションを生む戦略を立てるために 特許を利用する

　自社の強みに立脚した事業戦略が重要であることを述べてきました。自社の強みを知るために、さらにイノベーションを生み出すために**本書では「特許」というものを上手く利用することを提案**していきます。

　ここでは、いわゆる「特許戦略」や「知財戦略」ではなくて、技術者が新たな価値を生み出すために「特許」を利用します。その**特許を利用して「事業戦略」、「技術戦略」を技術者の立場で考え、イノベーションを生み出す**ことを考えます。

　技術に携わった仕事をされている方ですと、「特許」というものを比較的身近に感じるのではないでしょうか。実際に自分でアイデアを出して特許を出願された方もいるかと思います。あるいは、自社開発品が他社の特許に抵触しないように別の技術を一生懸命開発したり、他社の特許のライセンスを受けたり、他社にライセンスをしたりといろいろな場面で「特許」という言葉を耳にすると思います。

　特許を出願するためではなく、前章までの考え方に加えて、新たに**「特許」というネタを元にしたイノベーションを生み出す方法**を提案します。

特許にはイノベーションが隠れている

特許法の第 1 条では、

> 「この法律は、発明の保護及び利用を図ることにより、発明を奨励し、もって産業の発達に寄与することを目的とする」

とあります。すなわち特許制度は、製造業においては、発明（技術的イノベーション）により商品化につなげ、利益を上げるために重要な役割を果たす制度です。次頁の図に示すように特許は国内で、年間約 30 万件以上出願されています（特許庁HP より）。

特許の中には、いわゆる「発明」が記載されているわけですので、国内でいろいろな分野の発明がこの数だけ生産されていると考えられます。まさに**発明の宝庫**です。約 30 万件というのは国内での年間の発明の数ですから、過去 20 年くらいを遡ると数百万件以上の発明を調べることができます。海外まで広げるとさらに数倍の発明を調べることができます。その中で自分の研究、開発、ビジネスに関連するものは一部かもしれませんが、考え方やコンセプトなどは適用可能です。これらは他人の発明ですが、これらを有効に活用して自身または自社のイノベーションに繋げることを考えます。

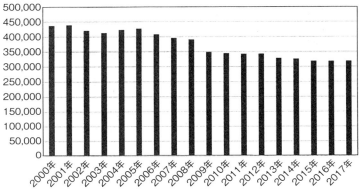

図：国内での特許出願件数の推移（特許庁HPより筆者が作成）

　自社の特許をもとに利益を上げている会社の場合、特許を出願して知的財産権を確立しています。また知財を重視している大企業ですと、知財部が自社の特許の整理をして特許戦略や自社の知財充実を考えています。しかしながら、多くの企業では、自社の特許が十分に活用されていないのではないでしょうか。

　元キヤノン取締役の丸島さん（弁理士）のセミナーに参加させていただいた時のコメントによりますと、

「日本では現在、ものづくり産業が低迷しています。技術大国と言われながら、それが産業競争力の強化に結びついていない点で根深いものがあります。特に技術志向型である日本の企業においては、知的財産を活用した事業戦略・研究開発戦略・知的財産戦略の三位一体の経営戦略を実現することがグローバル競争で勝ち抜く唯一の手段であり、それを実現できる知的財産マネジメント人材は、まだまだ日本には少ない状況です」

　とのことです。

自社の特許からはいろんなことがわかりますが、自社技術を用いてイノベーションを創出するために重要なことは、自社のコアコンピタンス（核となる能力・得意分野）が何であるかをしっかりと知るということです。

　登録された特許には、他社を排他できる技術があります。そして事業や製品を差別化するためのコアコンピタンスが特許に記載されているはずです。それらは企業の収益性の源泉になる（なっている）はずです。**イノベーション**（の潜在）**力は現状の特許に現れている**ということです。その特許から自社の強みを認識することが重要です。

特許のどこに注目するべきか？

　特許の中身を見てみましょう。いわゆる【特許明細書】には基本的には次のことが書いてあります。表に示します。

　重要な部分だけピックアップすると次のようになります。

・発明の属する技術分野

　　（この発明は……に関するものである）

・従来の技術（従来にはこのようなものがあった）

・発明が解決しようとする課題

　　（それにはこのような欠点・問題があった）

・課題を解決するための手段

　　（その欠点を解決するためにこのようにする）

・発明の実施の形態・実施例など

　　（具体的にはこのようにする）

・発明の効果

　　（これによりこのような素晴らしい効果がでる）

　特許明細書には従来の技術と課題とそれをブレークスルーするための発明の内容が書いてあることがわかります。そこで**他人の特許をヒントにして、全く新しい発明（イノベーション）を生み出そう**とするのが、これからの話です。まさに「特許活用によるイノベーション創出の提案」ということになります。

項目		概要
発明の名称		タイトルです。何についての発明なのかがわかります
技術分野		発明の産業上の利用分野について
背景技術		発明の背景となる現状の技術について
先行技術文献		従来の特許、非特許文献（論文など）
発明の概要	発明が解決しようとする課題	上記文献と関連し、従来技術の問題点が記載されています
	課題を解決するための手段	従来の課題をどのような手段で解決するのかが記載されています
	発明の効果	従来技術と比較しての発明の利点が記載されています
図面の簡単な説明		図や符号の説明
発明を実施するための形態、実施例		発明を実現するために実際行なった実験、あるいは理論からの推測で、発明を実施した例が記載されています
産業上の利用可能性		産業上の利用方法
符号の説明等		図や符号の説明
特許請求の範囲		特許を受けようとする技術的範囲となり、この文言が特許としては重要です
要約書		全体の概要です
図面等		図面や表

発見！ 特許のチカラ1　開発者の悩みの声が聞こえる

　さて、特許明細には、「**発明が解決しようとする課題**」という項目があります。この部分は、現場の技術者が既存の技術の課題であると認識している部分です。

　同じ分野の技術者であれば、特許のこの部分を読んで、

「同じような課題が他社にもあるのだな」
「ウチの会社の技術だとこうして解決する」
「こんな課題があったのか！」

などと思うはずです。

　実際にどんなことが書いてあるか、ノーベル賞を受賞された**中村修二さんの有名な404特許**と呼ばれているものを見てみましょう。ここではその有効性や重要性ではなく、何が書いてあるかを見ることにします。

　中村修二さんの特許は【特許番号】第2628404号であり、平成9年（1997）4月18日に登録されています。発明の名称は「半導体結晶膜の成長方法」です。なお、特許の検索は、独立行政法人工業所有権情報・研修館の「特許情報プラットフォーム*」というサイトから容易に検索することができます。

　　＊ https://www.j-platpat.inpit.go.jp/web/all/top/BTmTopPage

　一部省略して引用します。
　【発明が解決しようとする課題】

この方法で半導体結晶膜を基板上に成長させるには、反応ガスの流速を速くする必要がある。それは、反応ガスの流速を 2m ／ sec 以上に速くしないと、GaN が成長できないことが理由である。この原因は、反応ガスの流速を速くしないと、TMG と NH_3 が基板に到達するまでに、何か付加化合物ができてしまうとか、または反応温度が高いので熱対流が大きくて反応ガスが基板に到達しないことが理由と推測される。

　このように、反応ガスを高速流とするために、従来の成長方法は、……非常に歩留が悪い。このように、従来の成長方法では、基板の表面に 10mm φ以上の大面積に、半導体結晶膜を均一に成長できない欠点があった。

　また、従来技術は、……このため、サファイヤ基板の歩留が極端に悪くなる欠点がある。

　このため、極端な場合は、毎回反応のたびごとに、細い反応ガス噴射管を新しいものと交換するか、あるいは、洗浄する必要があり、作業性が非常に悪く大変であった。

　さらに、……この方法で成長された窒化物半導体層は、窒素空孔が多く、結晶欠陥の多い半導体結晶膜となる。このため、この方法によっても、格子欠陥の少ない半導体結晶膜を成長できない。

　この発明は、これらの欠点を解決することを目的に開発されたもので、この発明の重要な目的は、基板表面に大面積の半導体結晶膜を高い歩留で成長できる半導体結晶膜の成長方法を提供するにある。

いくつか課題とその推定理由が記載されています。課題のみ

をピックアップしますと、

　・従来の成長法は歩留まりが悪い
　・半導体結晶膜が均一に成長できない
　・サファイヤ基板の歩留まりが極端に悪くなる
　　（注釈：サファイヤ基板は高価でコスト UP につながる）
　・作業性が悪い
　・結晶欠陥の少ない半導体結晶膜を成長できない

　などと記載されています。これらの課題は若き日の中村修二さんが実際の技術の現場で悩み、なんとかしたいと思っていた課題だと思われます。これらの課題を解決するため、日々の試行錯誤の実験のなかから得られた解決のための工夫や発明が、明細書に記載されています。
　これらの課題を読んで、専門の近い人であれば、具体的に「自分の＊＊＊の技術が利用できる」、とか「自分なら＊＊＊する」などのアイデアが出る人もいるのではないでしょうか。ここが他者（他社）の特許を見る時の重要なポイントです。
　課題が明確になるということは、目指すべき方向が明らかになるということです。技術者にとってはこの課題に対してのアプローチですから、得意な方が多いと思います。
　すなわち、以下のような流れになると思います。

特許明細中の課題→ **自分ならどうする**
　　　　　　　　　　　自社の技術ならどうする
　　　　　　　　　　　世界中の技術を集めて解決できないか

98

発見！ 特許のチカラ2　開発のヒントが見える

　前出の中村修二さんの特許の中では、上記のような課題を解決するための方法が、発明として記載されています。

　特許の中身には、課題に対する解決方法が記載されています。技術的な話になりますので、省略いたしますが、当該分野の方が読むと再現できるように記載されています。

　すなわち、**ある課題に対しての一つの課題解決の方法が記載**されています。それは似たような分野であれば適用可能であり、アイデアやその考え方のコンセプトを利用することが可能です。

　特許のエッセンスからさらに発明を行なう方法としては、TRIZ（トゥリーズ）「**発明的問題解決の理論**」というものがあります。本書では発明そのものに重点をおいていませんので説明いたしませんが、良書がたくさん出ているのでそちらを参考にしてください。

第4章　技術者の逆襲　インプット編　99

発見！ 特許のチカラ3 顧客のニーズが見える

　特許中には【発明が解決しようとする課題】という項目があることを述べましたが、この項目は、実は**出願者の困りごと**なのです。仮に、技術者の属する会社をA社とします。そして特許を出願している会社（B社）が自社の商品を購入してくれる可能性のある会社であったとします。

　B社の技術課題が特許に記載されているわけです。そのため**そのB社の課題をA社の商品や技術で解決する**ことができれば、その技術が導入された商品を**B社に売る**ことができます。その際の売価がより高く設定できたり、より競争力を持つことができたりします。

　特許というのは公知情報ですので、秘密情報を盗んで開発するわけではありません。開発した商品はB社以外にも広く販売することができるわけですから、技術の開発により経営に大きく貢献できます。

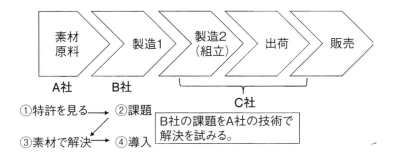

100

発見！ 特許のチカラ4 未来の商品のヒントが見える

　特許を読むことで未来が予測できることがあります。特許はアイデア段階で特許になる場合があり、商品化前の特許が公開されていることは多々あります。そのため、商品化前の特許が公開された場合は、**将来その技術が用いられた商品が市場に出てくる**ことが予想されます。ただし、特許は国内特許も米国特許も出願から18カ月後に公開されますので、公開されたときには発明から18カ月後のものになり、タイムラグはあるので注意が必要です。

　次頁の図に**特許出願と研究開発のイメージ**を示します。A社では基礎研究で出たアイデアを特許出願したとします。その特許は18カ月後に公開されます。その時点ではまだ商品化はされていません。そのためA社の特許を読むことで、A社が次に何を商品化しようとしているのか、どんな技術を用いて商品を出そうとしているのかということがわかります。すなわち、**数年後に出てくるA社の商品のアウトラインが予想できる**ということです。これはまさに未来を予想できることになります。

　A社のライバル会社であるB社はA社の商品が予想できればその会社の戦略もある程度予想できることになり、対策を打つことも可能になります。あるいは、A社と取引のあるC社であれば、A社の商品をサポートするような技術の開発や商品化を行なうことで商談が円滑に進むと思われます。

　例えば大手スマートフォンメーカーから全く新しいコンセプトのスマートフォンの特許が出願されたり、革新的な入力方法や革新的な表示方法の特許が出願されたりした場合、数年後に

第4章　技術者の逆襲　インプット編　101

はその技術を用いたスマートフォンが商品化される可能性があります。そうすると、そのようなスマートフォンが出現した際に使う周辺技術や周辺のサービス等々を事前に予測して開発しておくことで、大手スマートフォンメーカーの力を借りて自社の市場を伸ばすことが可能となります。

このように**未来を先取り**して、未だ市場に出ていない商品に必要な技術開発を先回りして開発することで、市場参入の際に有利になります。

気になる分野や気になる会社の特許を検索してみてはどうでしょうか？

A社の商品化と特許出願の例

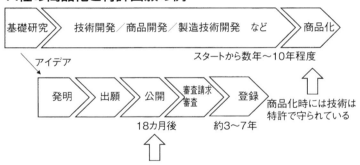

特許の中に自社の宝を掘り起こしてみる

　これまでは他社の特許について見てきました。自分の勤める会社の特許はどうなっているでしょうか？　特許を読んだことがない方は是非とも検索してみてください。検索の方法は以下のようになります。

1)　特許情報プラットホームの HP へ行く
　　https://www.j-platpat.inpit.go.jp/web/all/top/
　　BTmTopPage
2)　（特許・実用新案）の項目の（2 特許・実用新案検索）へ
　　行く
3)　サイトの下部に検索キーワードという項目があり、そこ
　　で検索項目（出願人／権利者／著者所属）を選択し、検索
　　キーワードに自社の名前を入れて、検索する。次頁の図に
　　検索キーワードの部分を示します

第 4 章　技術者の逆襲　インプット編　103

①フロントページから「2.特許・実用新案検索」に行く

①選択する
②自社や気になる会社の名前を入れる
③検索

自社／他社の強みは特許で一目瞭然

　一般的には国内の大手の製造業は自社の特許をもとに利益を上げています。すなわち自社の技術を特許で守り、他社から真似されないようにして、技術の独自性を保って利益を上げています。特に特許（知的財産権）を重視している大企業ですと、知財部が自社の特許の整理をして特許戦略や自社の知財充実を考えています。

　自社の特許からはいろいろなことがわかりますが、自社技術を用いてイノベーションを創出するために重要なことは、**自社のコアコンピタンス（核となる能力・得意分野）が何であるかを意識する**ということです。前章で成功している企業の例を見たかと思いますが、いきなりの飛び地での成功は難しく、自社の強みに立脚しています。その意味でも自社技術の強みを十分に理解することが重要です。

自社に特許がない場合

　もし、自社に特許がない場合は、イノベーションを生み出すために自社に近い会社の特許を参考にして、その技術を考えるとよいと思います。

　以下の項目を検討するとよいでしょう。

- ・自分の得意分野の技術
- ・自分の関連する業界の特許
- ・自分の興味のある分野の技術

　これらを調べて知識とするだけでも、技術を見るセンスがよくなってくると思います。そして、第2章で述べた「目利き力」が育っていきます。

　これらの作業から、**キーワードとなる技術を5つ程度ピックアップしておいてください**。このキーワードはイノベーションを生み出すために後から重要な役割を果たします。

バックキャスティングでテーマを考える

　新しい技術やビジネスを生み出そうとしている研究開発の現場では、既存の事業部に関連するビジネスとは関連の薄い研究を行なうことが多くなります。既存の事業であれば既存の事業部の計画内でのテーマですが、それは第2章で記載したとおり、ジリ貧になる可能性があります。既存の事業部のテーマは現在の事業の延長線上にR&Dを考えます。そのようなやり方を**フォアキャスティング**といいます。

　一方で、事業部に紐付いていないR&D部門では事業部直轄のテーマとは少し離れた分野の研究開発を行ないます。その際の考え方として、**バックキャスティング**という考え方があります。次頁の図にそれぞれの考え方のイメージを示します。

　フォアキャスティングは、現在の延長線上に研究開発のテーマを考えます。そのため、高性能化や低コスト化のようなテーマになりやすいです。そして、現在の延長線上ということは既存事業の延長となり、時代の流れとともにジリ貧になる可能性があります。

　一方で、バックキャスティングは、未来のあるところを予想して、**そこにあればよいものから開発の方向性を考えます**。例えば、自動車がガソリン自動車から、電気自動車に今後は改変していくと考えられます。その際に、電気自動車にあるべき性能や機能、その周りのユーティリティなどを考えて、**これがあるといいなと思うモノを今から開発する**という考え方です。将来必要なモノを現在に立ち戻って、今から開発をスタートさせておけば、数年後には完成します。数年後に当初予想した未来

第4章　技術者の逆襲　インプット編　107

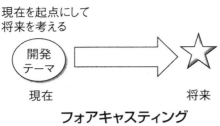

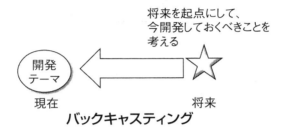

が来ていれば、ちょうどよいタイミングでその商品を市場に出すことができます。このような考え方がバックキャスティングによる考え方です。

バックキャスティングによる開発の方向性や戦略構築は、最近ではいろいろなところで行なわれています。例えば、総務省の「自治体戦略2040構想研究会　第一次報告骨子（案）」

http://www.soumu.go.jp/main_content/000543218.pdf

という資料によると、2040年頃の総人口、出生率、高齢化を見据えて、人口減少時代に合った新しい社会経済モデルをバックキャスティングで考えています。

バックキャスティングでの考え方／実行のステップは

STEP1：未来のイメージを考える（3〜5年後ぐらいが適当）

STEP2：抽出イメージを具体化、数値化

STEP3：数値から考察

STEP4：そこでの社会への役割（ビジネス／技術など）を考える

STEP5：そのときの役割、実現するための課題、解決するための方法を考える

STEP6：現在において実行

となります。

なお、STEP1での3〜5年というのは、10年だと予測する未来の確度が低くなるため3〜5年としています。3〜5年後の未来であれば、すでにその変化の兆しが見えてきている可能性があります。

また、これから研究をスタートさせれば5年後には商品が完成し、市場にピッタリあうのではと思います。

ここで注意することは、皆が考えるような未来像では差別性が弱くなるということです。すなわち、誰もが考える未来だけだと、誰も考えるような課題、誰もが考えるような解決方法になってしまう確率が高いのです。他社も同じようなことを考えていると、資金力と技術力が高いほうが有利になります。

重要なことは誰もが考えつかない未来の課題を見つけ出すことです。

技術者にとっては新しい技術開発をすること、誰も達成でき

なかったような技術を開発することはとても価値のあることですが、解決すべき課題が新しくないと平凡なビジネスになったり、競争が激しくなったりします。この技術は「差別性がある、だから強い」ということを現場で言うことがありますが、解決すべき課題にも差別性があることが好ましいのです。**技術と課題（市場のニーズ）に他社との違いがある**ことで、ビジネスとしての成功確率が上がるものと思われます。

　未来を考える際の切り口として、以下のようなテーマで検討するとよいでしょう。

　・**自分の技術分野の将来像から**
　・政府等機関から出ている**将来データ／ロードマップ**
　・技術等の業界団体が出している**将来データ／ロードマップ**
　・**大きな環境変化**
　　　産業構造の変化（グローバル化、事業継承問題など）
　　　地域構造（都への一極集中、地方都市の人口減）
　　　制度（規制緩和、環境問題など）
　　　人口構造（高齢化、少子化など）
　　　などなど

　未来を全体像で捉えた後に、データ等でより具体化して、課題を考えていくというステップになります。

「上りのエスカレーター」にのることの重要性

　新しい技術開発のテーマを探す際に重要なのは、**市場が拡大している業界や技術分野**を選ぶことです。理由は市場が縮小しているような分野は、かなりいいものを作ったとしても市場自体が縮小しているため、縮小の中でライバルと市場を奪い合うことになるからです。そのためよほどの戦略がなければ縮小している市場には新規では参入しないほうがよいのです。

　参入する場合も、その市場の中を細分化して、縮小市場の中でも伸びている分野を狙うなど、勝てるためのシナリオを考える必要があります。

　一方で、市場が拡大している分野、これから立ち上がるような分野ですと、技術や商品と一緒に市場が成長できるため、商品に問題がなければ、市場の拡大とともに売上の拡大が期待できます。よい商品であれば、市場の伸びよりも大きな伸び率での拡大が期待できるのではないでしょうか。

　経営コンサルタントの方はこうした状況を「**下りのエスカレーター**」、「**上りのエスカレーター**」というたとえで説明されています。すなわち「下りのエスカレーター」に乗ってしまえば、本人が一生懸命に上に行きたくても、どんどん下に向かって進んでしまう。一方で、「上りのエスカレーター」に乗ってしまえば、営業も宣伝もしなくても売上が伸びていくということです。

　これは、**技術に関してもほぼ同じだ**と思っています。自社の技術と伸びる市場をマッチングさせてよいテーマを発見することは簡単ではありませんが、このような観点で探し続けるとよ

第４章　技術者の逆襲　インプット編　111

いでしょう。このようなテーマを見つけるために、バックキャスティングの方法は有効です。

　これらを合わせることで、自社のコア技術を用いて、凄いテーマを発掘し、技術の現場からの提案ができます。

逆襲への４歩目（４章のまとめ）

・特許情報のすごさを利用しよう

・特許情報からニーズと課題がわかる

・特許情報から未来がわかる

・特許情報から自社／自分の技術のコアがわかる（内部技術）

・バックキャスティングで未来を予想しよう

・時流にのることの重要性

を述べてきました。これらは次のステップの素材になります。

第 5 章

▼

技術者の逆襲
アウトプット編
～イノベーションを実現する勝利の方程式～

これまでの章で、成功企業の戦略、成功事例、特許などを
見てきました。またこれまでイノベーションは新結合であ
るということを述べてきました。いよいよ、ここからこれ
まで蓄積した知識を使ってイノベーションのネタを出して、
新たな技術開発をしましょう！

イノベーションの公式──何と何を結合させるか？

　これまでにイノベーションは新結合と訳すことができるということを述べました。これは従来のモノやコトと別の従来のモノやコトを結合させることで新結合になり、イノベーションが生まれる可能性があることを意味しています。以下に何を新結合させればよいか述べていきます。

　何度も述べてきましたが、自社の特許を読むことで、自社のコアコンピタンスがわかります。すなわち、自社の強みがわかるということです。その強みをどの分野に活かし、その強みをどう発展させていくかという特許戦略が重要です。自社の既存の技術や市場に全く基づかなければ、飛び地のビジネスになりそれは未経験のリスクが高くなります。また、価値のあるアイデアを社内で提案してもなかなか受け入れられないこともあるでしょう。従って、特許活用によるイノベーション創出の提案は、スタートを自社のコアコンピタンスから考えるということがポイントとなります。まず、結合させるべき第一のキーワードは、「保有技術」です。

　次に、バックキャスティングで未来に必要なモノを考えることの重要性、時流に乗り市場が伸びる業界やテーマを選択することにより成功の確率が上がるということを述べました。

　そして、特許情報には、過去のニーズや課題に対する解決方法と、未来の商品のヒントがそこにはあるということを述べてきました。

　2番目のキーワードは「市場や商品」です。そしてそれらを

114

結合させます。

　公式は 2 つあります。

公式①
「保有技術」 × 「市場や商品」
　　　　　≒ 「保有技術適用可能な新商品」

　この考え方は、実は大企業で成功している会社の事例で見てきたやり方です。すなわち**既存技術を用いて、新規市場を目指す活用方法**です。これはどこかで見た気がしませんか？　アンゾフのマトリックスで、自社の強み技術に立脚したビジネスを展開している成功企業のパターンです。このパターンを膨大な知識の蓄積である特許のデータベースを使って、生み出す新しい方法です！

　具体的には以下のステップです。

STEP1：特許から自社のコア技術を抽出し、キーワードとする

STEP2：ターゲットとする分野 / 領域を抽出
　　　　（バックキャスティング法も参考にして下さい）

STEP3　キーワードを掛けあわせて、特許の検索と読み込み

STEP4　テーマの選定とシナリオ作成
　↓
実行

このSTEPに関して、前述の大企業での成功事例と合わせて考えてみます。富士フイルムが自社の写真関連の技術を棚卸し、新たな領域として化粧品や医薬品をターゲットにして新しい技術開発を行ない、新たな事業展開を展開した例と同等だとわかると思います。

実例1　銀塩フィルムから化粧品への事業展開

　この流れを具体的に見てみましょう。例として富士フイルム
の成功事例をすべて公知の情報から分析してみます。

　ご存知のように富士フイルムはコダックの沈没に対して、写
真事業からの転換に成功しています。その説明はネット上にた
くさんの記事がありますが、富士フイルムのIR情報から考え
てみましょう。

　この中に次頁の図があります。

　これは、銀塩写真での基盤技術である粒子の分散技術をもと
に、写真フィルムから化粧品にその技術を展開したいという図
です。

第5章　技術者の逆襲2　アウトプット編　117

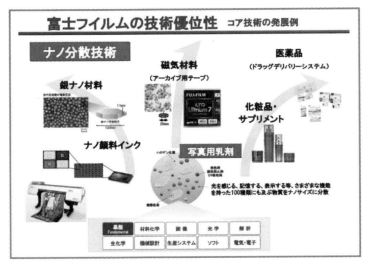

コア技術の発展例

出典:中長期的成長に向けた富士フイルムのR&Dの取組み
(2016/3/29) 9頁より

これを前記のステップに対応して考えると次のようになります。

STEP1：特許から自社のコア技術を抽出し、キーワードとする

富士フイルムのコア技術に分散技術があります。実際には、自社の特許を分析して抽出する必要がありますが、ここでは「分散」をキーワードとします。

↓

STEP2：ターゲットとする分野／領域を抽出

ここでは、銀塩写真の分散技術を「化粧品」に展開しているので、ターゲットとする分野を「化粧品」とします。ここのキーワードは、進出したい分野、伸びが期待される分野、規制などが変わりチャンスがある分野など、様々な観点で選ぶことができます。

本書の78頁にあるように2015年当時の戸田副社長（CTO）は、若い頃からやりたいと思ったテーマ、銀塩技術との親和性がよいと思ったテーマである、化粧品分野に進出することを決めています。

このように選ぶ場合は、やりたいと思うような分野でもよいし、「上りのエスカレーター」のような拡大している市場分野でもよいし、バックキャスティングの考え方で適切な分野を選んでもいいと思います。この項目は、検索結果を見ながら、いろいろと変えてみましょう。

STEP3：キーワードを掛けあわせて、特許の検索と読み込み

国内特許を請求項のキーワードで「写真」と「分散」として検索すると、約9000件の特許が出てきます。同じように、「化粧」と「分散」で検索すると約5000件の特許が検出されます。

　すなわち、化粧品分野において、何らかの分散技術が必要であることを示唆しています。この5000件の特許をさらにキーワードで絞り、自社の技術が生かせる分野を探しいていく作業を行ないます。

実際に特許情報プラットホームの HP で検索してみましょう。富士フイルムがいつから化粧品の研究開発を始めたかわかりませんが、切りのいい 2000 年 1 月 1 日以前の特許を検索してみます。

公知日(和暦または西暦)

　　～ 20000101

検索キーワード

検索キーワードを入力してください。検索項目毎の指定方法及び入力例は こちら(ヘルプ) をご覧ください。
検索対象の種別で使用可能な検索項目は、 こちら(ヘルプ) をご覧ください。

検索項目		検索キーワード	検索方式
請求の範囲	含む	分散	OR

AND

請求の範囲	含む	化粧品	OR

＋ 追加

🔍　　検索

「論理式に展開」ボタンにより、検索キーワードを、論理式に展開できます。

🔍　論理式に展開

＋ 表示オプション(表示指定)

　　　国内文献ヒット件数　**617件**　　一覧表示

　そうしますと 617 件の特許が出てきました。もし、私が 2000 年当時の富士フイルムの研究者だとすると、この特許の中の課題を読んでいき、自社や自分の技術で解決できないかを考えます。仮に銀塩写真の専門家であっても、この方法であれば化粧品の課題と自社／自分の保有技術との関係を知ることができます。

　617 件という数が多いと思えば、もう少しキーワードを絞っていくとよいでしょう。例えば、このキーワードにさらに「コラーゲン」を掛け合わせてみると 29 件の特許が抽出されます。少し少ない気もしますが、同じように精査すれば課題と保有技

術との関係を知ることができ、イノベーションの強いきっかけ
になるはずです。

　なお、特許検索の請求の範囲の項目において、「要約／抄録」、
「請求の範囲」、「発明・考案の名称／タイトル」などの項目は
検索結果の数などで適宜選択するとよいです。

↓

STEP4：テーマの選定とシナリオ作成

　上記の作業から目指す市場が決まれば、技術をいかに開発し
て、技術的な差別性を利点にいかに市場に参入していくかとい
うことを考えるステップとなります。

実例２　セラミックスから食品への事業展開

　別の事例を紹介いたします。知人のセラミックスの粉砕（微粒化）技術の専門家は、粉砕（微粒化）技術に着目し、食品の微粒化に応用し、微細化することで吸収の良い海苔を開発したり、様々な食材と混ぜ合わせることを可能としたり、いままで廃棄していた海苔素材の活用などが可能なことを見出したりし、新規事業を成功させています（2000年頃）。この事例はご自身のコア技術をもとに起業したようなイメージになります。

　知人はこの組み合わせに関しては、異業種交流会の場での会話から発案したとのことです。この事例を2000年以前の特許を用いて公式①で検索してみましょう。

　個人の技術からスタートですので**STEP 1は自社特許ではなく、自身の保有技術になります**。次の図を参照して下さい。

STEP1　自分のコア技術を定義する　**ここが前回と異なり**ます

　　　↓

STEP2　ターゲットとする分野／領域を抽出

　　　↓

STEP3　キーワードを掛けあわせて、特許の検索と読み込み

　　　↓

STEP4　テーマの選定とシナリオ作成

　　　↓

　実行

第５章　技術者の逆襲２　アウトプット編　123

```
知人の保有技術                           セラミックスの
  セラミックスの専門家                    微粒化
  焼結体を粉体化する
  粉体を扱い、ペレット化する　など、
  圧電セラミックスを開発していた
```

コア技術:微粒化
分散

2003年当時

```
海苔屋さんで微粒化に成功
  海苔を微粒化                          海苔の微粒化
    ⇒消化吸収がよくなる                  応用を広げる
    ⇒クズ海苔が活用できる
    ⇒何にでも混ぜ入れることができる
      （かまぼこ、麺、お菓子、サプリへ）
  ペレット（錠剤）化
    ⇒バインダーレスのサプリ
```

セラミックスから海苔へ

特許検索をフル活用する

　前記の例を特許検索して考えてみたいと思います。いつものように「特許情報プラットフォーム」を用いて検索します。ここで、特許・実用新案テキスト検索を選んで、キーワードを入れていきます。このキーワードの選定にはセンスが必要ですが、トライアンドエラーで試してみてください。今回の事例の開発は 2000 年頃の話ですので、時期を 2000 年以前の特許から検索しました。

　コア技術：「粉砕」で、目指す分野 / 領域を「海苔」にしてみます。そうすると 45 件を抽出することができました。この「海苔」というのはかなり絞られたワードになりますが、はじめは大きく、「食品」などの大きなくくりからスタートしてもよいでしょう。その中で気になったワードを拾って検索式に入れて、徐々に絞っていくのがよいと思います。

　この中の特許を、自身の技術との親和性、課題が自身の技術で解決できるか考えていくと新結合ができるはずです。

　検索した特許を読んでいくと参考になりそうな特許として平成 6 年（1994 年）に出願されたもので以下のようなものがありました。具体的に見ていきましょう。

　要約としては、次のように記載されています。以下一部抜粋して示します。

　【公開番号】特開平 7 − 241177
　【公開日】平成 7 年（1995）9 月 19 日

　　　　　　　第 5 章　技術者の逆襲 2　アウトプット編　125

【発明の名称】海苔入り乾麺の製造方法

【要約】【目的】表面が滑らかであり、茹でると全体に透明感があって、うどん本来の適度なこしと良好な粘弾性が得られる。

【構成】……小麦が100％の中力小麦粉94重量部と、500ミクロン以下で平均が300ミクロンの乾燥海苔の粉末6重量部とを混合し、……10分間にわたって捏和して麺生地とする。この麺生地を、プレス圧を……麺線に押し出し成形し、温度55℃、湿度80％の雰囲気中で15時間にわたって乾燥する。

　この内容から、**どうも粉末の海苔のサイズは平均粒径300ミクロン程度**だとわかります。さらに、この特許の課題は次のように記載されています。

【発明が解決しようとする課題】しかしながら、特開昭63－148949号公報に開示された方法では、海藻をペースト状にするために、クエン酸ナトリウム等の海藻分解剤を添加しなければならず、自然食志向や健康食志向の人々にとっては好ましいものではない。

　この公報には、ペースト状の海藻を小麦粉に加えた麺生地を麺帯とし、得られた麺帯を切り出すという方法によってうどんを製造する方法が開示されているが、このような方法によって得られたうどんは、柔らかいものとなり、良

好な食感が得られない。さらに、デュラム小麦等にペースト状わかめと水とを加えて捏和して麺生地を製造し、得られた麺生地を変圧押し出し成形することによって、わかめ入りマカロニ製品を製造する方法も開示されている。しかし、このようにして得られたマカロニ製品は、強力粉、あるいは強力粉と同様にグルテンの強いデュラム小麦等を原料としているために、海藻との一体感が損なわれ、固い食感しか得られず、うどんとは異なった食感しか得られない。従って、このようなペースト状海藻と小麦粉との原料によって得られた麺生地からは、良好な粘弾性および適度なこしがあって独特の歯ごたえを有するうどんは得られない。

　本発明は、このような問題を解決するものであり、その目的は、表面が滑らかで良好な外観を有する乾麺の製造方法を提供することにある。本発明の他の目的は、茹でた状態でも、表面が滑らかで透明感があり、しかも全体に均一な色つやを有しており、うどん独特の食感を有した高級感のある乾麺の製造方法を提供することにある。

　どうも、**食物に添加すると触感がよくない、余分な薬品を添加しなければならない、という課題があるよう**です。さて、ここからが技術者の頭を使わなければならないところです。

　微粒化が得意な技術者であれば、もっと海苔の粉末を微粒化できると考えるでしょう。そして、その方法は既存のセラミックス技術を応用して考えてみることができます。また、微粒子のサイズも300ミクロンと書いてありますが、セラミックスの世界では数〜十数ミクロンの微粒化は容易に行なわれています。そして、さらに微粒化すると食感とか、消化吸収の効果がどう

第5章　技術者の逆襲2　アウトプット編　127

なるかを考えるといいことがありそうです。実際にはやってみなければわからないのですが……。

このように、**自身（自社）の技術を他の分野に適用すること**で**一気に新しい分野の商品につながる可能性**があります。ぜひとも考えてみたい手法だと思います。

実例3　磁気センサからスマホへの事業展開

　スマートフォンが大きく市場を伸ばした 2010 年頃に**旭化成の電子コンパス**はほとんどのスマートフォンに搭載されていました。この電子コンパスは旭化成が古くから開発していたホール素子（磁気センサ）の技術が適用されています。

　そして、開発者である当時の旭化成フェローの山下昌哉さんに話を伺った際には以下のようなことをお話しされていました。

・磁気関連の技術をやっていたが、テーマがなくなり困っていた
・次のテーマを探索していたところ、携帯電話に GPS が搭載されるという話があり、どちらを向いているかを知るための電子コンパスが必要となると考えた
　※この部分は他社もある程度は考えていただろうと述べられています。
・電子コンパスは周りの磁気の影響をできるだけ排除し、地磁気情報をキャッチする必要がある
・そのため感度 UP は性能ダウンする可能性があり、かえってよくないと考えた
・ソフトウエアとセットで工夫をした。携帯電話からの磁界はいつも向きが同じと判断
・Android に標準化されて一気に市場が伸びた。それまでは苦戦を強いられていた

電子コンパスの成功は山下さんを始めとする研究者の技術と

第５章　技術者の逆襲２　アウトプット編　129

目利き力、営業等々のメンバーの努力の結果だと思いますが、
当時の状況を特許としてどのような状況であったか見てみます。

　ここでは、2000 年 1 月 1 日以前の特許から当時の状況を見
てみます。これまで通り、特許情報プラットホームで検索して
みます。**キーワードとしてはコンパスと携帯電話**をかけ合わせ
ました。
　検索項目を全文にすると 42 件
　検索項目を請求項にすると 1 件
　非常に少ない特許出願であることがわかります。すなわちこ
の当時には携帯電話に電子コンパスが搭載されることを予想し
ていた企業は少なかったものと思われます。
　トヨタ自動車から、特開平 10 - 232992 として自動車用途を
主眼に出願されているのがわかります。一部抜粋します。

(57)【要約】

【課題】　利用中の交通手段を自ら推定することができず、そのために実現できない機能がある。

【解決手段】　絶対位置算出部22は、DGPS装置12の出力等を基に現在位置を求める。また、推測航法算出部20は、3軸ジャイロ14、3軸コンパス16の出力を基に移動速度や移動方向を求める。交通手段判定部24は、地図・交通機関データベース18のデータと、現在位置、移動速度、移動方向とから利用中の交通手段を判別する。そして、情報提供制御部26は、交通手段に応じた内容の情報を作成してユーザに提供する。また、通信制御部28は、交通手段に応じて通信手段を切り換える。

【発明の詳細な説明】

【０００１】

【発明の属する技術分野】本発明は、現在位置検出手段と地図情報記憶手段を有し、地図上の現在位置に関連する情報を提供する携帯端末装置に関する。また本発明は、上記携帯端末装置に、セルラ方式の携帯電話やPHS（パーソナル・ハンディ・フォン）等の通信手段を一体化した装置に関する。

　本特許は、GPSと3軸コンパスと3軸ジャイロセンサを用いて、そのときに用いる交通手段を判別して情報をユーザーに提供するというものです。請求項には、3軸ジャイロおよび3軸コンパスを有することを特徴とする携帯端末装置という記載があり、コンパスと携帯電話の組み合わせ自体は、当時から公知であったと思われます。

　また、ホール素子に関して、地磁気センサへの適用を目指し

た特許出願が他社から複数件出願されていることが確認できます。

　スマートフォン全盛時代の現代からの後付になりますが、仮に磁気デバイスを開発中の技術者がこの特許を読んだ場合、以下のようなことを思う人もいたのではないでしょうか。

・携帯電話と電子コンパスの組み合わせはニーズがありそう
・携帯電話市場はまだまだ伸びていくだろう
・ホール素子は地磁気センサに利用できるので、これを電子コンパスとするといいかもしれない
・GPSや電子コンパス、Gyroセンサとの組み合わせで新しい価値が出ないかな
・携帯電話に搭載できるためにはコンパスは小さくしなければならないな
・携帯電話に搭載した場合、スピーカーからの磁界の影響を避けないといけない
・バックキャスティングから考えると、10年後には携帯電話とコンパスの組み合わせは当たり前になっていて、いろんなサービスがあるかもしれない

　後付ですが、ある程度の予測はできるかと思います。旭化成の技術者や営業の方のセンスがすごくいいと思うのは、これまで本書で述べてきたような、①強み技術である磁気センサ技術が活きる市場、②右肩上がりの市場の**両方を満たしている**点です。電子コンパスとしての工夫や成功は、その後の技術者、営業のさらなる努力の結果だと思います。

　ホール素子そのものを小型化して電子コンパスにする際の課

題は別のキーワードで調べて、課題解決方法を参考にしていく必要がありますが、このように**特許から、市場と技術のリンクができる**ことがわかったかと思います。

　特許を調べることで市場のニーズ、課題などがわかり、将来性のあるテーマであるかどうかの判断の参考になるはずです。

キーワード検索でニーズをつかむ

次にもう一つの式を紹介いたします。

公式②
「保有技術」×「バリューチェーン前後の課題／ニーズ」
≒「保有技術の課題、ニーズ」

　既存の技術分野で事業が成功している場合、バリューチェーンの川下の企業あるいは川上の企業の特許を分析することで**新たな開発のヒント**になります。すなわちバリューチェーンの前後の技術課題（特許に記載）は、バリューチェーンの上流の会社にとってはニーズになるという考え方です。

　検索のキーワードをうまく選ぶことで、自社技術のバリューチェーンでの前後の課題がわかり、その課題を自社技術の課題として解決することで自社の範囲を広げることができます。

R&Bと商品化のバリューチェーン例

　例えば、液晶テレビのバリューチェーンにおいて、①原料メーカー → ②液晶フィルムメーカー（中間材料メーカー） → ③パネルメーカー → ④テレビメーカーとあった場合、フィルムメーカーの場合は②が該当します。

　フィルムメーカーが本公式を使うシーンとしては、素材メーカーの材料に起因する特許を読み、その材料の特性や物性を活かしたフィルムを開発することが可能となったり、現在購入中の素材から他社の物性の異なる素材への変更の可能性を検討したりするときなどです。

　バリューチェーンの後ろとしては、液晶パネルメーカーが開発中のパネルの課題や新たな試みを特許から知ることで、事前にフィルムによってその開発をサポートするような仕掛けを入れ込むことが可能となります。例えば、フィルムへのタッチパネル機能、フィルムへの防汚、低反射、ハプティック機能などの付与などです。

　技術者であればより具体的な課題に落とし込み、自社の技術で可能かどうかを考えることで、自社技術をより広げることが可能となります。

　さらにはソフトや使いこなし方法まで視野を広げると、新たな使い方にあったフィルムの機能をイメージすることができるかもしれません。

この方法のよいところは、**技術者がPCの前にいて、顧客企業のニーズを知ることができる**ことです。他社に赴いてニーズ調査などを行なう必要がないため、いわゆる実務的なマーケティングが不得意な技術者にとっては利点があります。

　ただし、より好ましくは、特許情報から得たニーズをもとに顧客企業に赴いて、話を進めることだとは思います。

逆襲への5歩目（5章のまとめ）

・特許情報を利用してイノベーションの公式①
　「保有技術」×「市場や商品」　で検索してみましょう。
　そこから新しい発見があるはず！

・イノベーションの公式②は、バリューチェーンの前後の課題
／ニーズを発見するのに便利。
　「保有技術」×「バリューチェーン前後の課題／ニーズ」で
検索してみましょう。そこには、顧客である他社の悩みが見
えてきます。それは自社のビジネスチャンスになるかもしれ
ません。

・それぞれの公式を使って得られた結果をじっくり眺めると、
イノベーションへの道が見えてくるはず！

第6章
▼
経営者がうなずく
技術者からの
プロジェクト提案の方法

ここまで自社（自分）の強みと他社の技術課題から、自社
（自分）で解決可能なテーマを発掘するということを述べて
きました。この章では、見つけたテーマを上司に上手に提
案する方法を述べます。

強み技術に基づく提案で WIN‐WIN

これまでの章で述べてきたことは、

①自社／自分の技術をしっかりと分析すること
②他社の課題から自分の技術が活きる課題を見つけてテーマ
　とすること
③それらのやり方として、具体的に特許を利用して生み出す
　ということ

です。このやり方で見出したテーマは自社の得意な技術分野
ですから、一定の開発期間があれば解決できる可能性が高いは
ずです。**そのテーマを上手く上司や経営層に提案して、テーマ
化することを考えましょう。**

　経営の視点から考えると、自社の技術が活きるのはとてもよ
いことです。さらに言うと自社の社員が活きるのはもっとよい
ことです。社員の技術、自社の技術が活きて利益に貢献するの
は、社内資源の有効活用ができているということで理想的な経
営になります。

　一方で、せっかくのよい自社の技術が利益を生み出していな
かったり、眠ったままだったりすることは、経営の立場として
は避けたいところです。

　すなわち、**技術者が自社の技術を活かせる分野で、他社の
ニーズがあり、課題を解決できる提案は、**経営にとっても望ま
しいのです。会社にとって利益が出そうで、かつ自社の技術が
有効活用できる提案を頭ごなしに否定することはなかなかでき

ないと思われます。

　上手く提案できれば、技術者本人がやりたいことができるというわけで、まさに　WIN-WIN です！

自社の強みに基づく新たな提案

↓

経営としては非常にありがたい提案

↓

提案が受け入れられやすい

提案書は超シンプルに

　私はこれまでに受託研究の会社で、提案書を他社に数十件もって売り込みを行なった経験があります。多い年で年間1億円近くの研究開発費を他社からいただき、研究を進めてきました。その時の経験としてのノウハウを示します。提案書は各企業内でのスタイルがあると思いますので、適宜アレンジしてください。

　必要な項目は以下です。これらが**簡潔にA4サイズ1枚程度**、詳細な技術内容があっても**最大4枚くらい**で記載されていれば十分です。ぶあつい提案書は不要です。

---

1. 背景
2. 目的
3. プロジェクト内容
4. スケジュール
5. 予算概要

　まず、「背景」に書く内容は以下のような流れにします。「**背景」が面白くないと、最後まで読んでもらえない可能性がある**ため、「背景」は意外と重要です。しっかりと書く必要があります。

「背景」は起承転結で説明

①導入、現状

ここでは、**現場技術の全体像**を述べます。

例えば：現在＊＊＊が行なわれています。これは、＊＊
＊です。

②問題点

次に、**上記の技術の問題点**を記載します。その問題点は、
次に解決可能であることを書くための導入になります。

例えば：しかしながら、＊＊＊＊であり、＊＊＊＊とい
う課題があります。

③提言

ここでは、上記問題点をどうすれば**解決できる**かを少し
だけ具体的に記載します。ここに**相手が、「なるほど！」
と思うほどのアイデア**が必要です。

例えば：上記課題を解決するためには、＊＊＊を行なう
ことで解決を図られてきましたが、＊＊＊の理
由で十分ではありませんでした。……
＊＊＊を用いて解決できると考えています。

④ 提案背景

提案背景とは、なぜこの提案を自社（自分）が行なうの
かということを記載します。すなわち**経営の視点で、こ
の提案は自社の技術が活きるため適していますよ**という
ことを述べます。

例えば：この提案の背景には当社には＊＊＊技術があり、

　　　　　　この技術と＊＊＊は同じであるため＊＊＊です。
　全体を記載してみます。大きな流れを摑んでいただければと
思います。

【背景】
　　現在＊＊＊に関して＊＊＊技術の開発が行なわれていま
す。これは、今後＊＊＊となる可能性があり、＊＊＊です。
しかしながら、この技術は＊＊＊＊であり、＊＊＊＊とい
う課題があります。上記課題を解決するためには、＊＊＊
を行なうことで解決を図られてきましたが、＊＊＊の理由
で十分ではありませんでした。そのためこの課題を解決す
るためには新たな＊＊＊という点を加味して考える必要が
あると思われます。
　　以上の点から当社としては（私としては）＊＊＊につい
ての大きな課題である＊＊＊を＊＊＊を用いて解決できる
と考えています。
　　この提案の背景として、当社では古くから＊＊＊の開発
を行なってきましたが、この基盤技術である＊＊＊が上記
課題解決に適用できると考えます。

この全体の流れは、「起承転結」の流れになっていることが
わかるでしょうか。背景の中に、

起：全体の説明。市場規模なども入るとなおよい
承：課題が大きいということの説明
転：ところが、解決方法があります
結：結論として、これをやるのは当社（私）が適しています

という流れがあります。

　一般的には、「起承転結」は物語や小説のような文章に適しており、提案書のような論理性が求められる文章には不適と考えられていますが、私は背景の部分は別だと考えます。すなわち、**背景の部分でストーリー（物語）を語り、その課題を解決する物語の主人公は自社の技術である**ということです。

　それは単なるフィクションの物語ではなく、実際のデータや技術に基づくものですから、ノンフィクションのストーリーとなり、経営から見ると受け入れやすいものとなるはずです。

「目的」はシンプルに——内容は説得力あるデータで

目的は5行以内ぐらいで簡潔に記載します。以下のように例を示します。

【プロジェクトの目的】
　本プロジェクトでは当社保有の＊＊＊技術を適用し、＊＊＊を解決し、＊＊＊を目指すことを目的といたします。

「プロジェクトの内容」は具体的に

ここは、**思いきり技術の内容を記載**してもよいところです。**従来技術**の説明、**市場性**（あれば好ましい）、従来技術の**問題点**、**他社**等はその問題に対してどうアプローチしているなどをこれまで調べてきた**特許情報**などを**具体的**に入れ込んで、データに説得力をもたせることが好ましい。わかりやすい比較の図や表があるとよいでしょう。

そして**肝となる部分のアイデア**もしっかり記載して、その**根拠**となる理由（仮設でも良い）を入れ込みます。

「スケジュール」は Phase で分割

最初の提案書では非常に**大まかなスケジュール**を記載しておきましょう。細かいスケジュールは不要ですが、いつ頃までにどの程度のレベルに達成することを目的としているかを記載します。

目的に到達するまでにステップがあると思いますので、その**ステップを記載する**ことで、ステップごとに判断（プロジェクトを継続するか、中止するか）がわかるようにします。

　これがあることで、経営側も成果が出ない場合に中止する判断もやりやすくなりますので、プロジェクト自体を開始しやすくなります。また技術者側の視点からしても、技術的にうまくいかない場合は中止することが容易になります。予めステップを入れることで、その都度の見直しができます。それは、時間が経つにつれて他社も状況や市場を取り巻く環境も変わる可能性があるため、柔軟に対応するためでもあります。

　私の場合は、**大まかに Phase0 ～ Phase3 までに分けて書きます**。以下にある材料を開発してある商品に適用させていくイメージでの提案書の内容例を示します。

【スケジュール】

　各 Phase でそれぞれ何カ月くらいかかるのかを記載します。大まかなイメージで構いません。開発案件なので読めない部分はあるかと思いますが、できるだけ想像してスケジュールを立てて下さい。自身でプロジェクト全体をイメージしてスケジュールを立てることは、目利き力の向上やプロジェクトマネジメント力の向上の点からとてもよい経験になります。

　提案時点では Phase0 や Phase1 の部分程度までしか予測が立たない場合もあるかと思います。その場合は、その部分までの記載で十分です。

Phase0　原理確認：本提案に記載されているアイデアの原理を確認する。結果として原理的に間違っていれば中止することを前提に進める。

Phase1　要素検討：Phase0 で原理が確認されたことをふまえて、商品化をイメージした際の課題を検討する。ここでは、手触り感を持って課題の大きさがわかればよい。課題自体が現在の技術では解決困難であれば中止します。この Phase で特許出願できるとよいと思います。

Phase2　開発検討：前記課題を解決することを主とします。この Phase では実験レベルで商品となるものができていることを目指す。この段階でビジネスの大きさ、どの程度の利益になるかイメージしておくことが必要です。

Phase3　実用化検討：この Phase では、いよいよ商品化を目指すための、信頼性や耐久性などの試験を含めて行ないます。ビジネス面での精査が始まります。この Phase からは事業部等の専門家の助けが必要となると思われます。

　近年、会社によってはステージゲート法というやり方でテー

146

マを審査し、継続／中止の判断をところもあります。提案として重要なのは、**判断基準を設けて、上手くいかなければ中止するというポイントを設定すること**だと思います。

それがあると、経営側としても安心して（無尽蔵にお金が使われないので）提案を受け入れることができると思います。

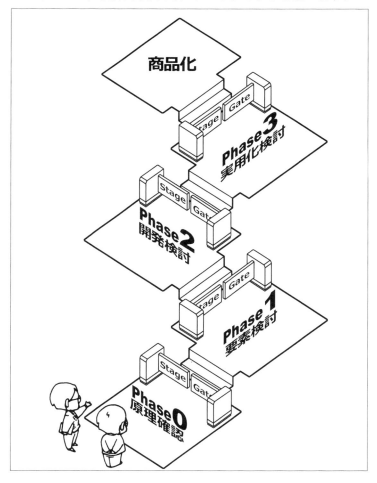

「予算概要」を押さえておく

　ここでは、**上記の開発に何人工必要か？　どのくらいの費用が必要か**を記載します。人に関しては現業の中から効率よく時間をひねり出して進めるのか、専任として進めるのかなど考えて記載するとよいでしょう。

　リスクの高い Phase0-1 程度までは現業の中から時間をひねり出して進めるのが経営としては受け入れやすいとは思いますが、そこはテーマと各企業のスタンスによると思います。費用に関してもある程度の見積もりを入れておく必要があります。

　このような提案書を書くことで、これまでの強みに立脚した新たな開発のテーマに対する客観的な評価も得られます。

【見本】

当社＊＊＊技術を用いた＊＊＊の開発に関する提案
R&D 開発センター＊＊＊

【背景】
　現在＊＊＊に関して＊＊＊技術の開発が行なわれています。これは、＊＊＊

中略

　この提案の背景として、当社では古くから＊＊＊の開発を行なってきましたが、この基盤技術である＊＊＊が上記課題解決に適用できると考えたからです。

【目的】
　本プロジェクトでは当社保有の＊＊＊技術を適用し、＊＊＊を解決し、＊＊＊を目指すことを目的といたします。

【プロジェクト内容】
　ここは図なども使いながら、きっちりと書きましょう
　　・当該技術の説明
　　・従来技術との比較
　　・アイデアのポイント
　　・なぜ勝てるのか？

【スケジュール】
　Phase0　本提案の原理確認を行ないます。
　　　　　　　20＊＊年４月～20＊＊年９月
　Phase1　上記原理確認後により実用化をイメージした時の課題を抽出します。
　　　　　　　20＊＊年10月～20＊＊年３月

【予算概要】
　Phase0　0.3人工　消耗品予算200万円
　Phase1　0.5人工　消耗品予算300万円

第６章　経営者がうなずく技術者からのプロジェクト提案の方法　149

逆襲への６歩目（6章のまとめ）

・せっかく出てきたアイデアです。これを自社に提案してみましょう。自社の強みに基づいた提案は、経営としてはウエルカム！

・提案書の「背景」は「起承転結」で書くと、論理にストーリー性を持たすことができるため読み手を引き込みます。

・「目的」はシンプルに、「内容」はデータを元にしっかり書く。ここは技術者のセンスの見せどころです。逆襲のためにはしっかりとデータを集めて、説得しましょう！

・提案書には「スケジュール」と「予算の概要」を忘れずに書く！　意外と忘れやすい項目です。特に予算は経営の立場からすると重要です。10万円でできる開発なのか、1000万円かかる開発なのか……。
　コスト意識をもって開発することは重要なことなのですが、意外とできていません。一度、自身の研究のコストを見直しましょう。

これで、逆襲のための準備が整いました。残りの歩みは技術者であるあなたの歩みです。あと何歩で逆襲できるかはわかりませんが、しっかりと現場から、新たな価値を生み出して社会に貢献しましょう！

あとがき

　私が開発／発明をした案件ではいくつか事業化されているものがあります。また研究の提案としては１００件以上提案し、複数の企業で採用され、いくつかは実用化されています。これらは、たまたま運がよかったり、いいタイミングにいい人、いい技術と出会ったりして、偶然によるものが大きいと思っています。

　一方でいい研究、いい技術が必ずしも実用化につながらない事例をたくさん見てきました。それらに関して、どうしたら事業に繋げられるかということを考え始めたのが本書の肝になる部分を考えるきっかけになりました。

　正直なところをいいますと、私が実用化した研究／技術開発案件の全部が本書に基づくやり方というわけではありません。しかし、うまくいっている事例／失敗している事例を学び、上手くいった事例の進め方、思考のプロセスを整理して、誰でもできるように普遍化させようと考えたのが本書です。

　会社というのはある部分では不条理なところがあり、技術者にとって不満がたまることも多いと思います。周囲の反対意見の中でなんとか成果を出すために万能な方法はないと思います。本書の考え方、やり方が少しでも悩める技術者の頭の整理や考える方向性の切り口になると幸いです。

　「技術者の逆襲」というタイトルは少し大げさかなと思いましたが、技術者にとって、日々のモヤモヤした不安や不満のエネ

ルギーを、自身の技術や経験を用いて会社や社会をイノベーションで「あっと驚かしてやるぞ」というプラスのエネルギーに変換し、その想いが湧き出てくることを期待してつけました。研究者／技術者が心の中に熱い気持ちをもって日々の課題に取り組んで欲しいと思っています。

　たくさんの感謝を。
　本書の内容は、偉大な先輩方の書籍からの学び、直接的なアドバイスと数々のご指導、そしてかけがえのない友人達との日々の議論の中で生まれてきたもので、それらを私なりの切り口でまとめたものです。皆様には心より感謝いたします。
　本書を執筆するにあたり富士フイルム株式会社のイノベーションアーキテクトの中村善貞さんからは、ご自身の経験に基づく厳しくも優しいアドバイスと励ましをいただきました。心より感謝いたします。また、本書執筆の機会を与えていただき、サポートいただいた出版元の言視舎の杉山尚次社長に心よりお礼申し上げます。

　そして、本書を読んでいただいた読者の皆様。荒削りな内容や表現の甘さや未熟さなどがあったかと思いますが、最後まで読んでいただきありがとうございます。心より感謝いたします。

　　　　　　新たな価値を現場から生み出しましょう！

　藤井隆満

参考文献

『イノベーションのジレンマ』クレイトン・クリステンセン　翔泳社

『イノベーション活性化のための方策』後藤晃　東洋経済社

『イノベーションパス』横田幸信　日経 BP 社

『イノベーションの壁』村山誠哉、大家雄　クロスメディア・パブリッシング

『図解＆事例で学ぶイノベーションの教科書』カデナクリエイト　マイナビ

『ブルーオーシャン戦略』W・チャン・キム、レネ・モボルニュ ランダムハウス講談社

『キャズム』ジェフリー・ムーア　翔泳社

『シリコンバレー流起業・マーケティング』市位謙太　秀和システム

『経営を見る眼』伊丹敬之　東洋経済新聞社

『やらなきゃ良かったあのテーマ』池澤直樹　オプトロニクス社

『アイデアのつくり方』ジェームス・W・ヤング　CCC メディアハウス

『技術者のためのアイデア発想支援』六車正道　発明推進協会

『技術者発想を捨てろ！』永田秀明編　ダイヤモンド社

『新規事業を創出する方法』中村善貞　言視舎

『知的財産戦略』丸山義一　ダイヤモンド社

『旭化成の研究』日刊工業新聞特別取材班　日刊工業新聞社

『イノベーションによる新たな価値の創造』 富士フイルムホールディングス

『魂の経営』古森重隆　東洋経済新聞社

（順不同）

装丁………佐々木正見
DTP制作………勝澤節子
編集協力………田中はるか、鎗田淳

技術者の逆襲
経営者の期待を超える発想と実践のノウハウ

発行日❖2019年4月30日 初版第1刷

著者
藤井隆満

発行者
杉山尚次

発行所
株式会社言視舎
東京都千代田区富士見 2-2-2 〒 102-0071
電話 03-3234-5997　FAX 03-3234-5957
http://www.s-pn.jp/

印刷・製本
中央精版印刷㈱

ⓒ Takamichi Fujii, 2019, Printed in Japan
ISBN978-4-86565-146-1 C0034

藤井隆満

博士（工学）、技術士（応用理学）。現在、藤井技術士事務所 所長。
1966 年山口県光市生まれ。山口大学工学部電気電子工学科卒業、山口
大学大学院博士後期課程物質工学専攻修了。専門技術分野：電子材料、薄
膜技術、MEMS 技術。
・セントラル硝子（株）にて、開発から工場生産まで経験。量産までのイメー
ジを持って開発を行なうことの必要性を実体験として学ぶ。
・（株）KRI にて 50 社以上の企業へ R&D 提案を行ない、～ 1 億円 / 年
のプロジェクトを推進。提案のいくつかは事業化に成功。ゼロから 1 を
産むアイデアの創出、事業化につながりやすい筋の良い研究テーマの選定
に強みを持ち、多くの企業から高い評価を受ける。
・技術にデザイン思考を取りいれ、デザイナーとの協業による商品開発。
・富士フイルム（株）にて、高性能な圧電体薄膜（Nb-PZT）を開発し、
圧電／ MEMS 業界で世界的に高く評価されている。この材料をシリコン
バレーにて実用化。同時に量産性の高い新しい成膜装置を開発。社内にて
MEMS 分野の新しいテーマを立ち上げ事業化推進。
・2019 年に藤井技術士事務所設立、イノベーションを生み出す活動を推
進中。
・出願特許は 200 件以上。
連絡先
メールアドレス：takamichi@fujii-tech.com
HP：https://fujii-tech.com/ （藤井技術士事務所）

経営的視点を持ちながらも現場目線でアイデアを出す。そして具体化する
ことをモットーにしています。評論や批判する前にやってみましょう！！

言視舎刊行の関連書

978-4-86565-116-4

図解 新規事業を創出する方法
構想・企画からプロジェクト承認までの、実践的な知恵

中村善貞著

多くの企業にとって新規事業の創出は、まさに喫緊の課題。大手企業で実際に新規事業を創出してきた著者が、その実践的なノウハウを公開する。どんな新規事業が求められているのか、その発想からプロジェクトの承認までのプロセス、組織や人材のあり方、未来の展望などを詳しく解説。　　B５判並製　定価1200円＋税

978-4-86565-128-7

図説 新規事業の座礁とリスタート
4つの視点／50のチェックリスト

水島温夫著

新規事業がうまくいかない理由はなにか？　どうしたら挫折から回復できるか？　その解決策を簡潔に図説！　問題を発見するための４つの視点を提示。これを点検すれば問題解決にいたる具体的なチェック項目を提案。新規事業はもちろん、従来の事業にもすぐに使える画期的ノウハウ。　　B５判並製　定価1200円＋税

978-4-86565-065-5

図解 実践オープン・イノベーション入門
新事業・新商品を生み出すための経営と技術の革新マネジメント

出川通＋中村善貞著

モノづくりや技術に携わる人必携！　社内外の技術リソースを融合させて新たな顧客価値を創出する。オープン・イノベーションの進化形態（協創と共創へ）を実践的に紹介。リソースの連携などの基本と活用法を解説。

B５判並製　定価1200円＋税

978-4-905369-96-7

図解 実践MOT入門
増補改訂版
技術を新規事業・新商品につなげる方法

出川通著

モノづくりや技術に携わる人必携の基本書。チャートで学ぶ、成功し儲けるためのMOT戦略。MOTコンサル第一人者による解説、すぐ役立つ実践的な内容。大企業から中小・ベンチャー企業まで、だれでもイノベーションの方法を実践できる。

B５判並製　定価1100円＋税

978-4-86565-030-3

図解 実践ロードマップ入門
未来の技術と市場を統合するロードマップの作成と活用法

出川通著

モノづくりや技術に携わる人必携！　テクノロジー・ロードマップ、ビジネス・ロードマップを作成し統合する、ロードマップ作成の基本と活用法を解説。ロードマップは、日本の産業界にイノベーションを起こすために不可欠です。

B５判並製　定価1200円＋税